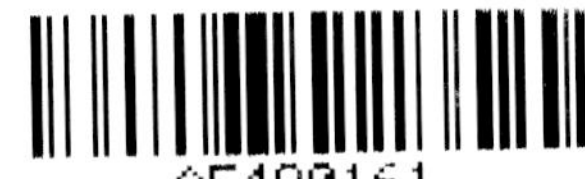
AF490161

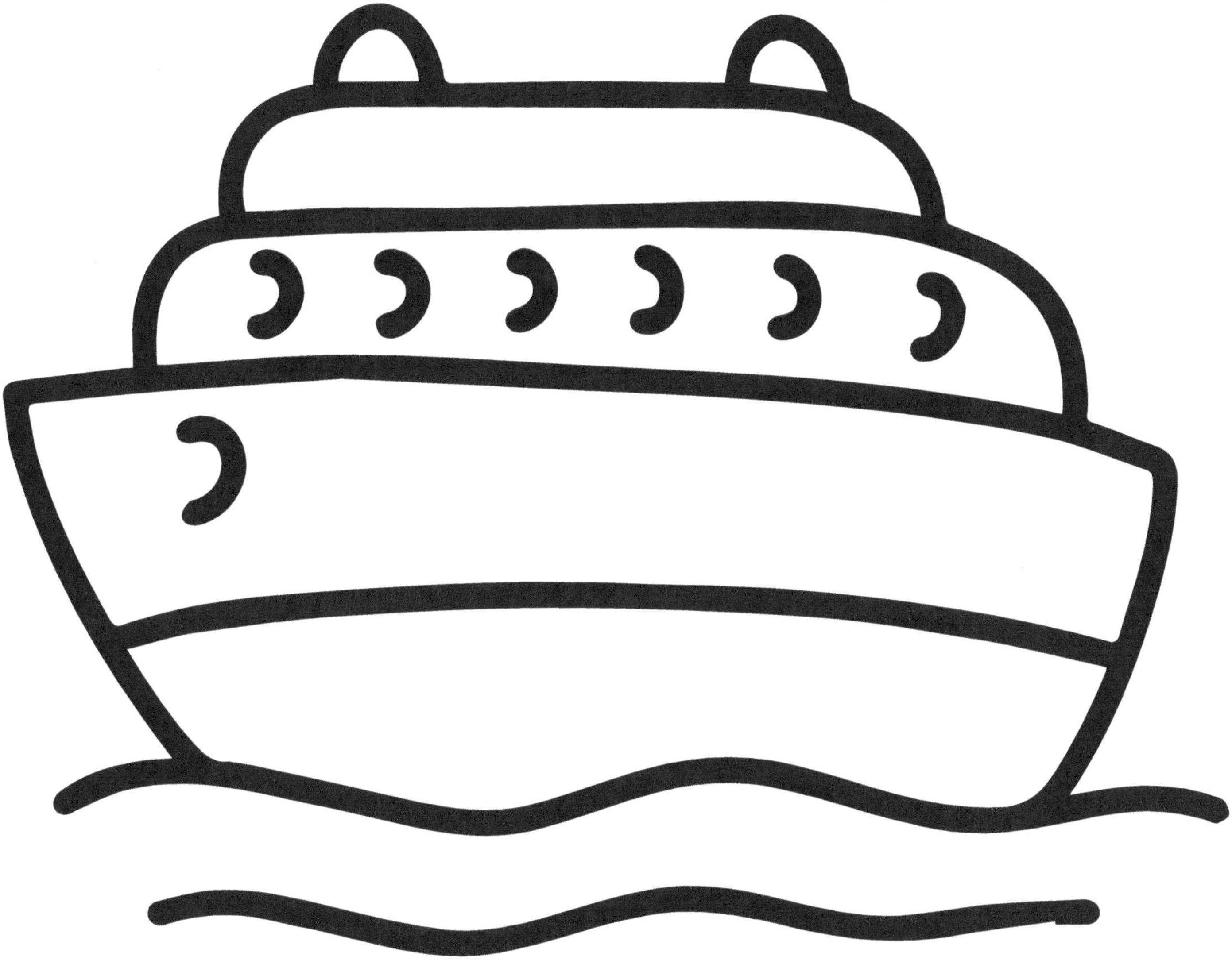

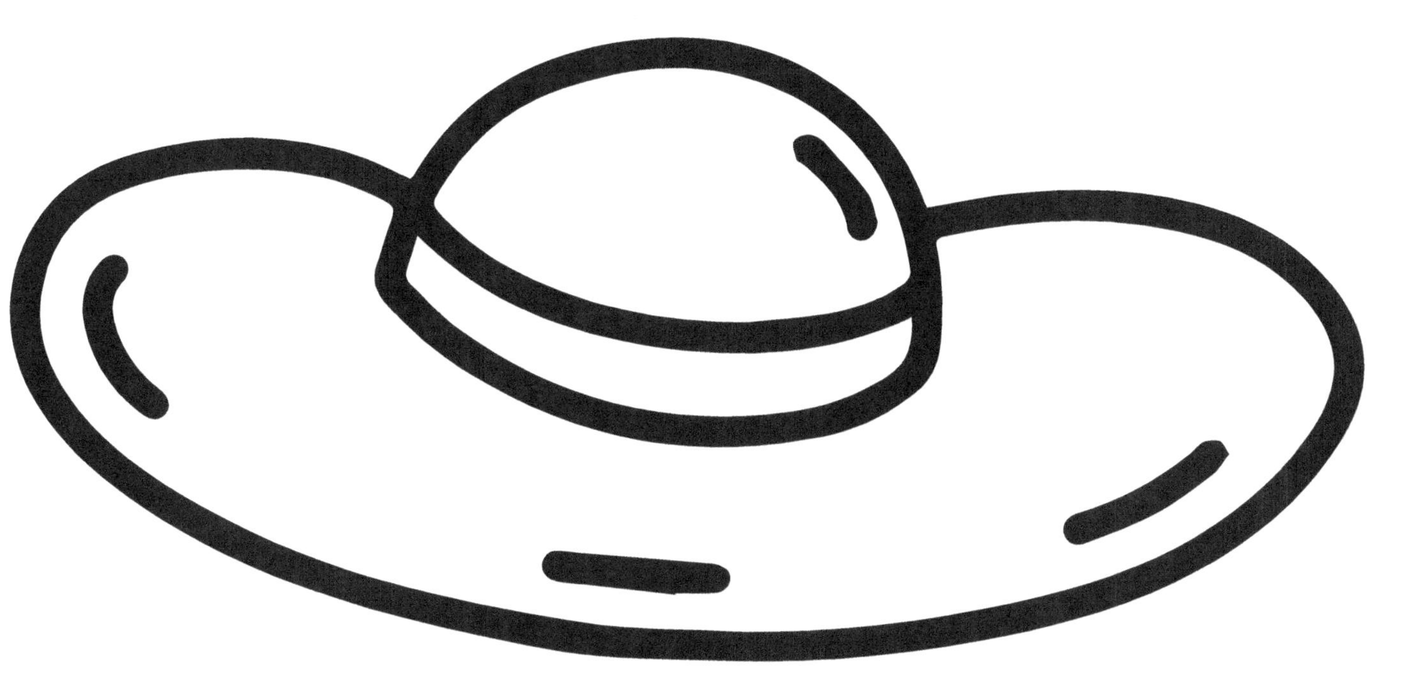

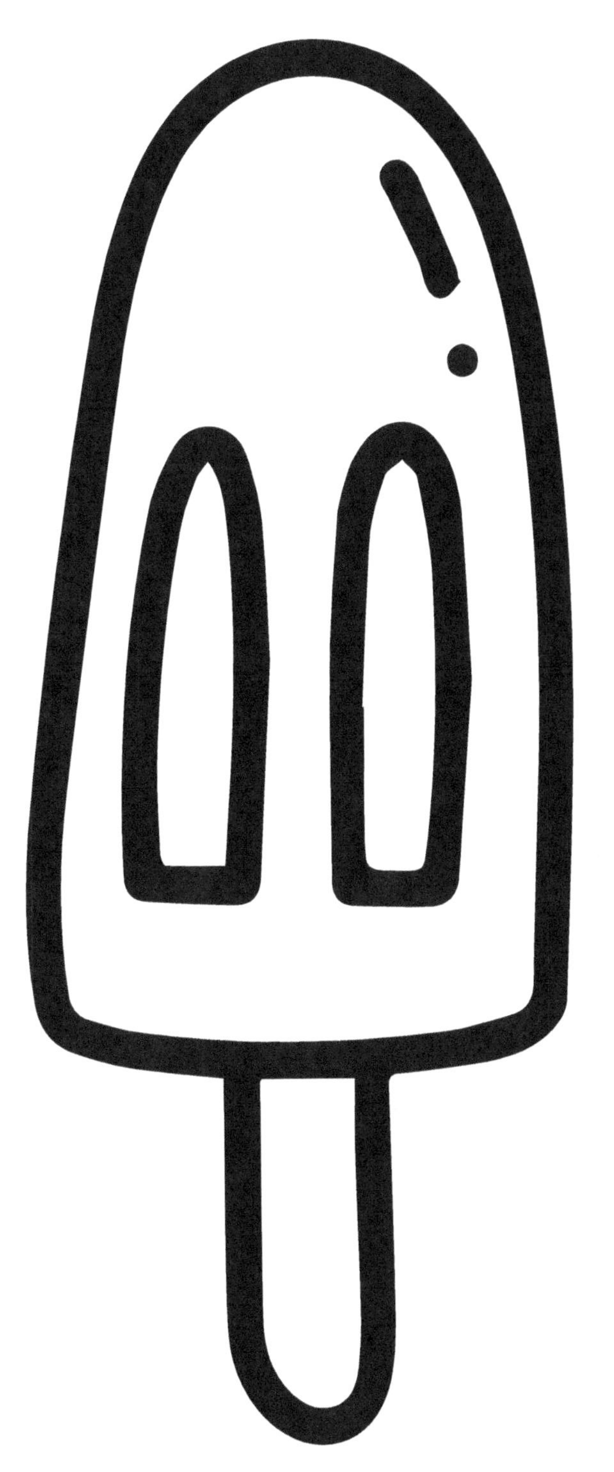

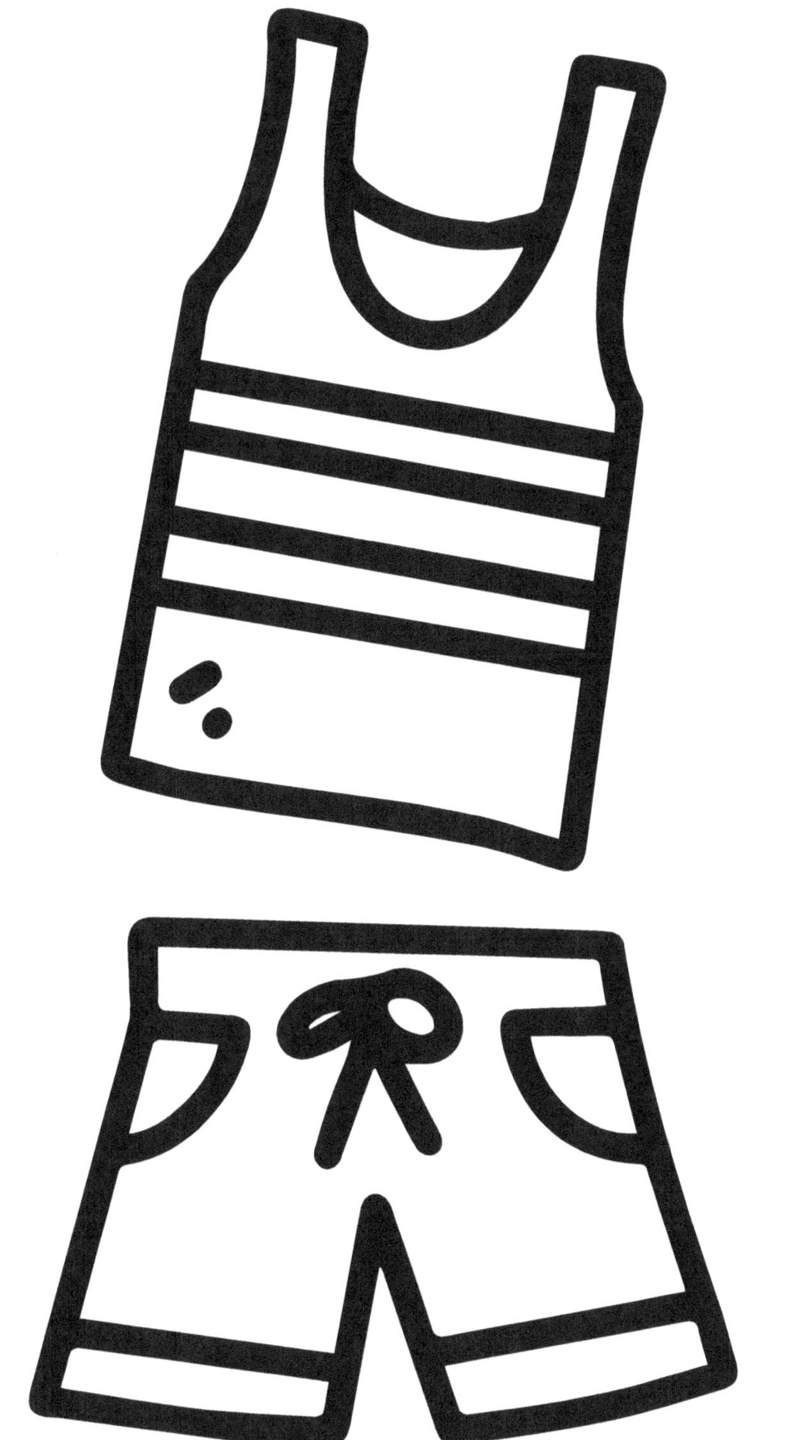

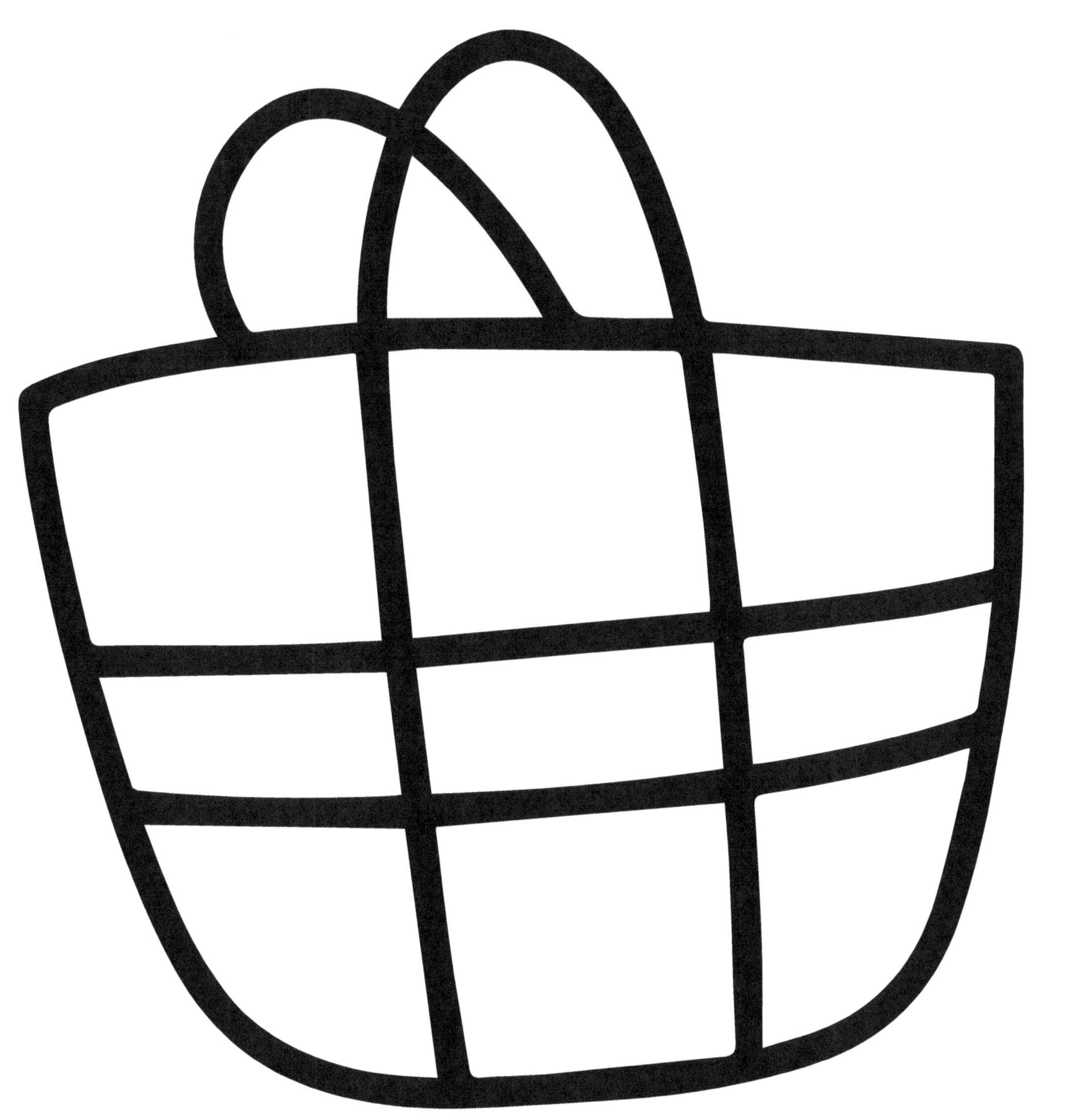

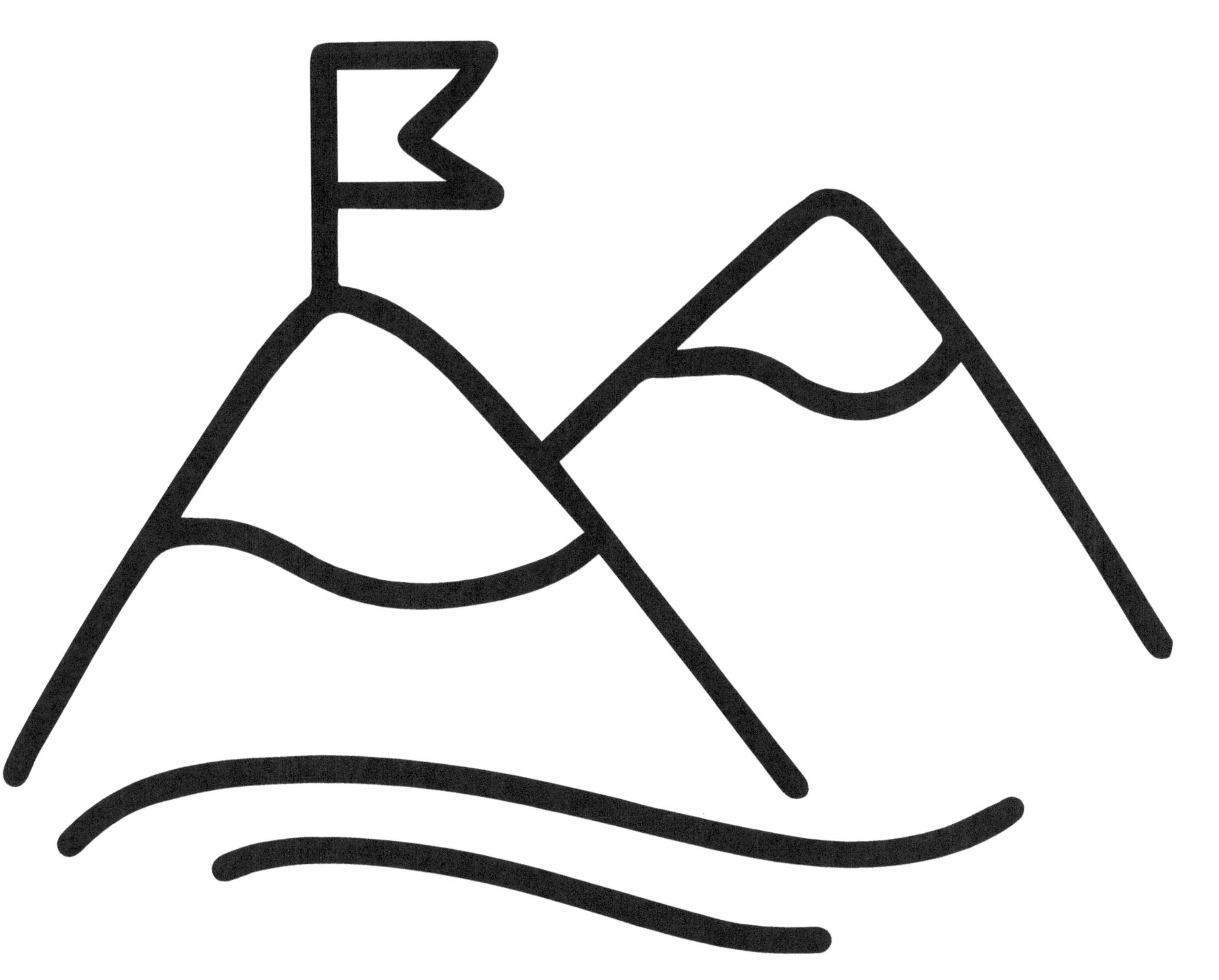

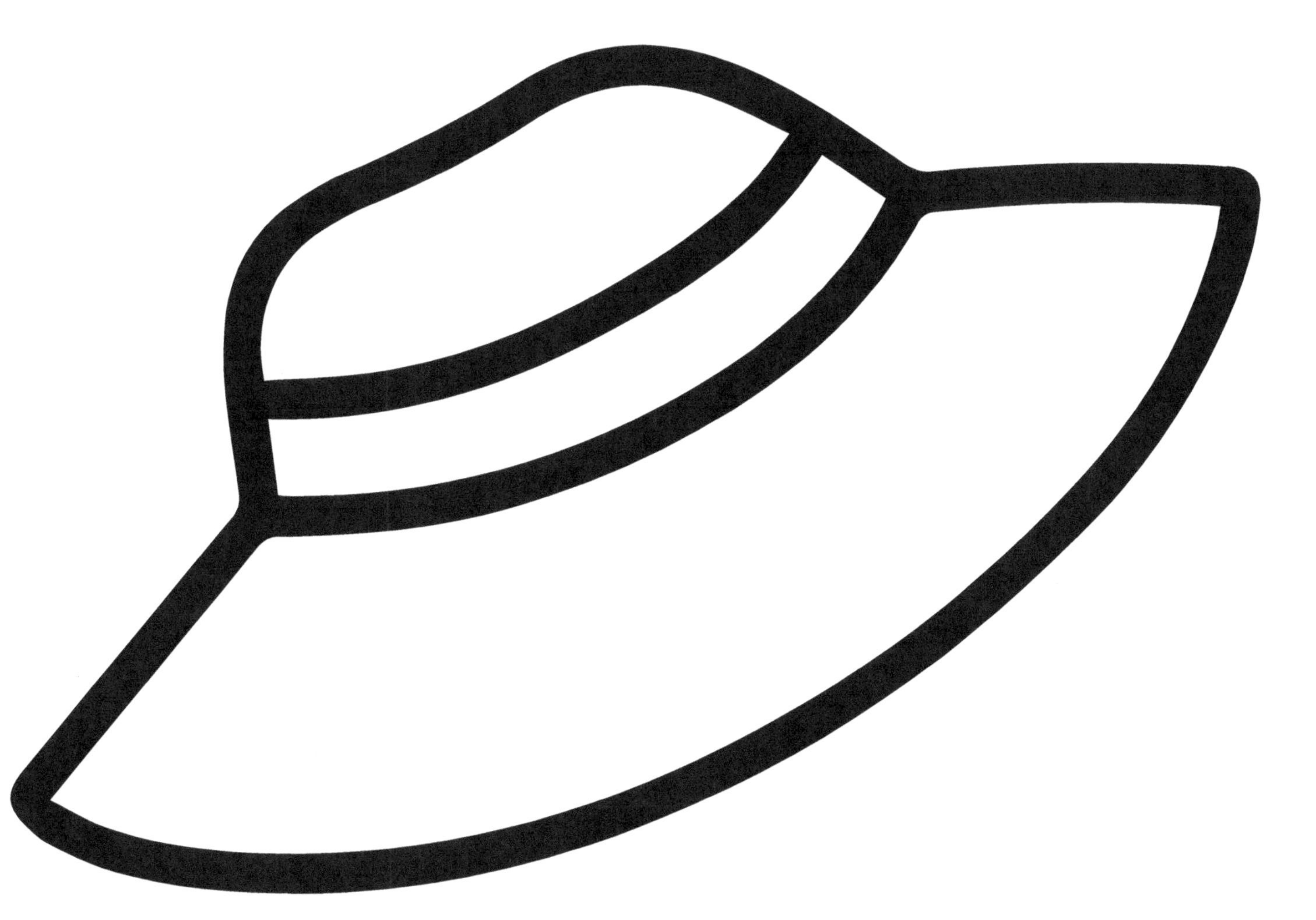

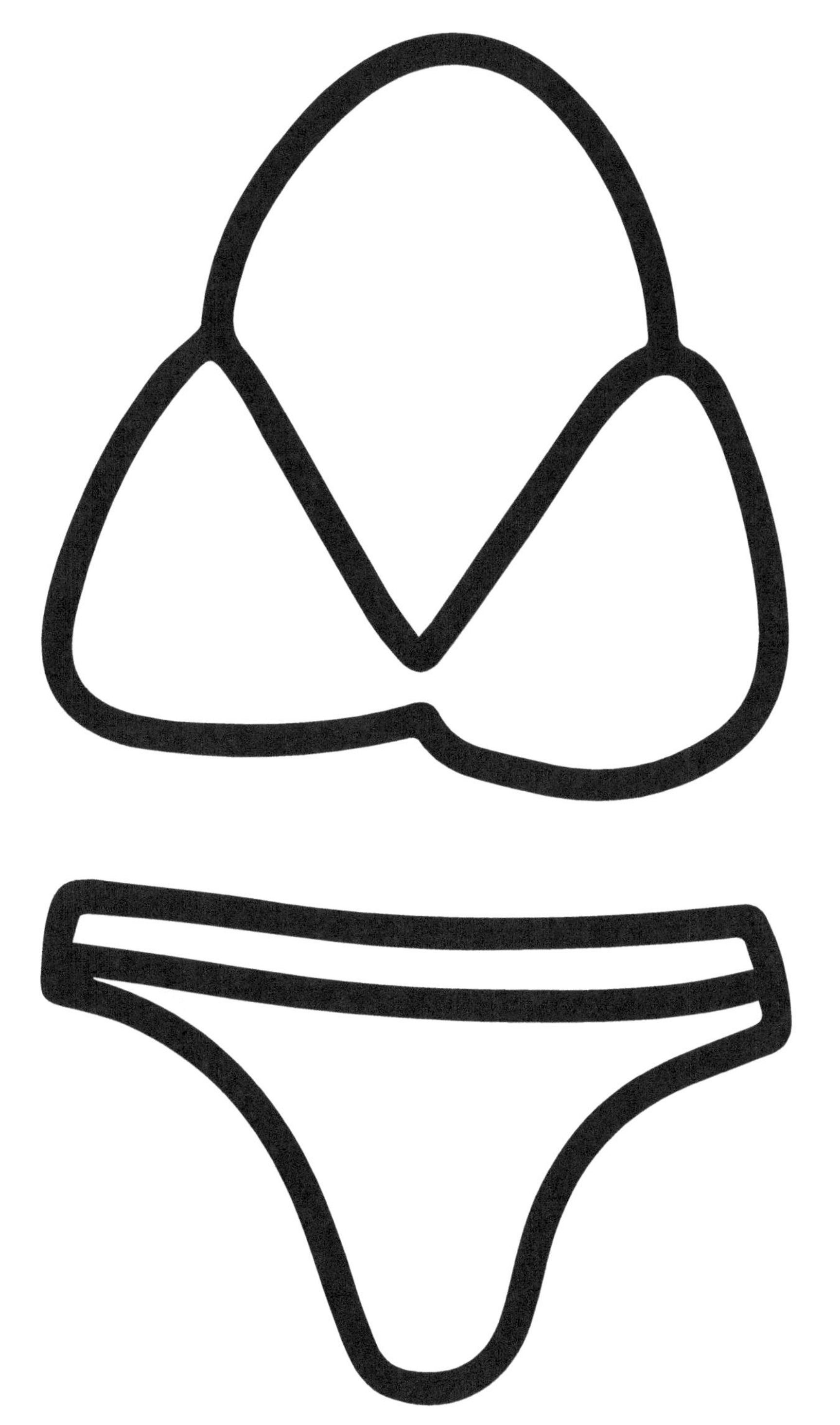

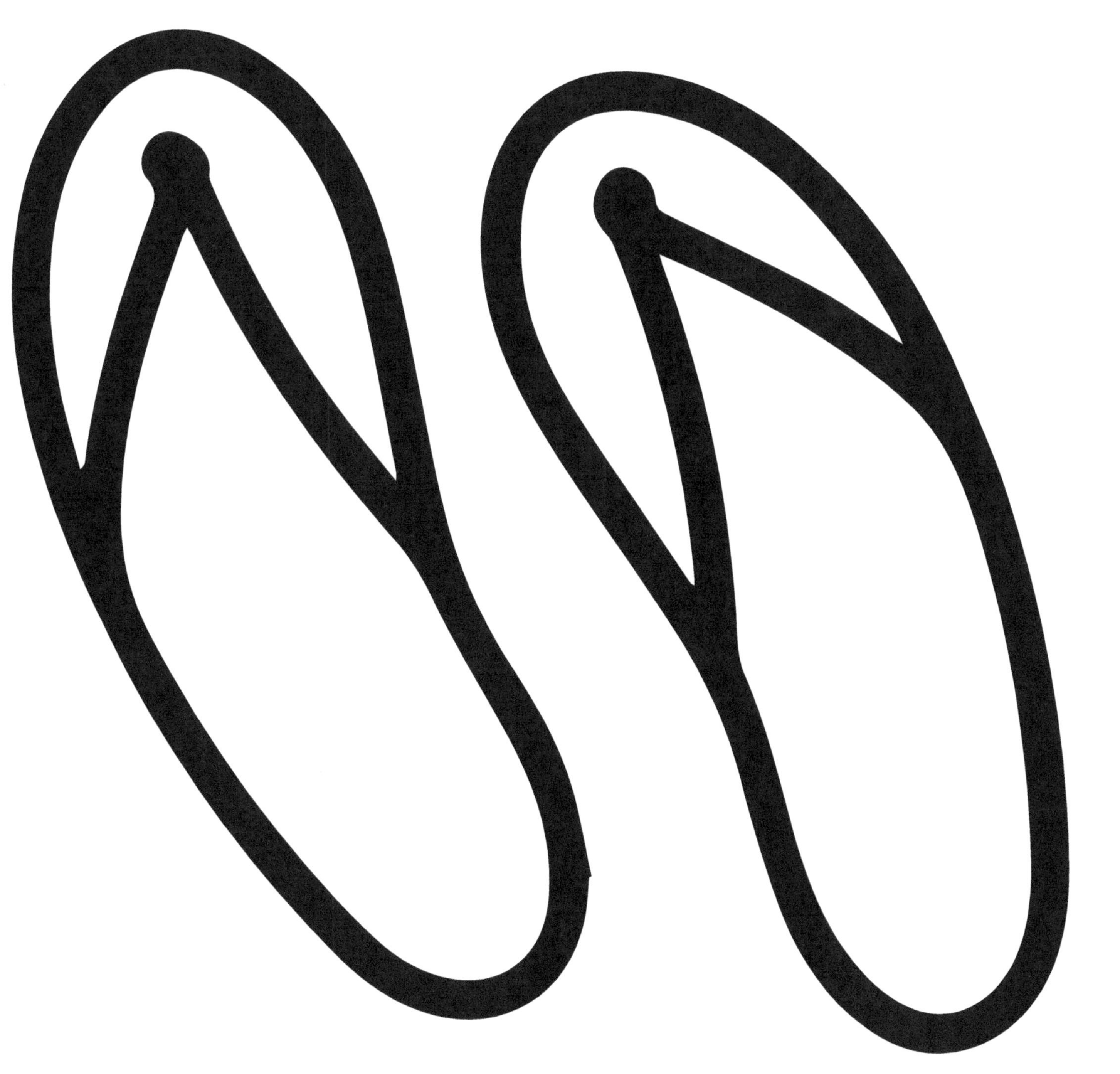

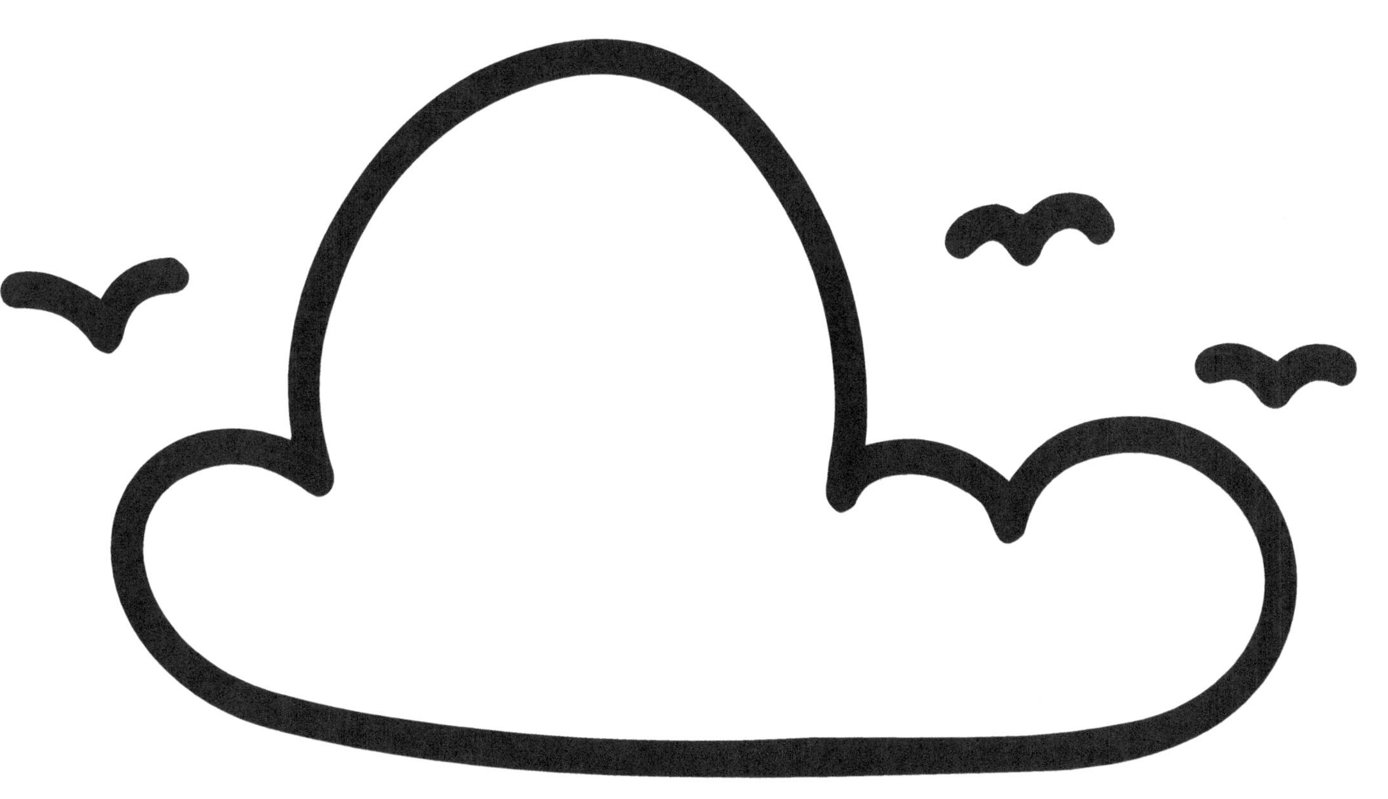

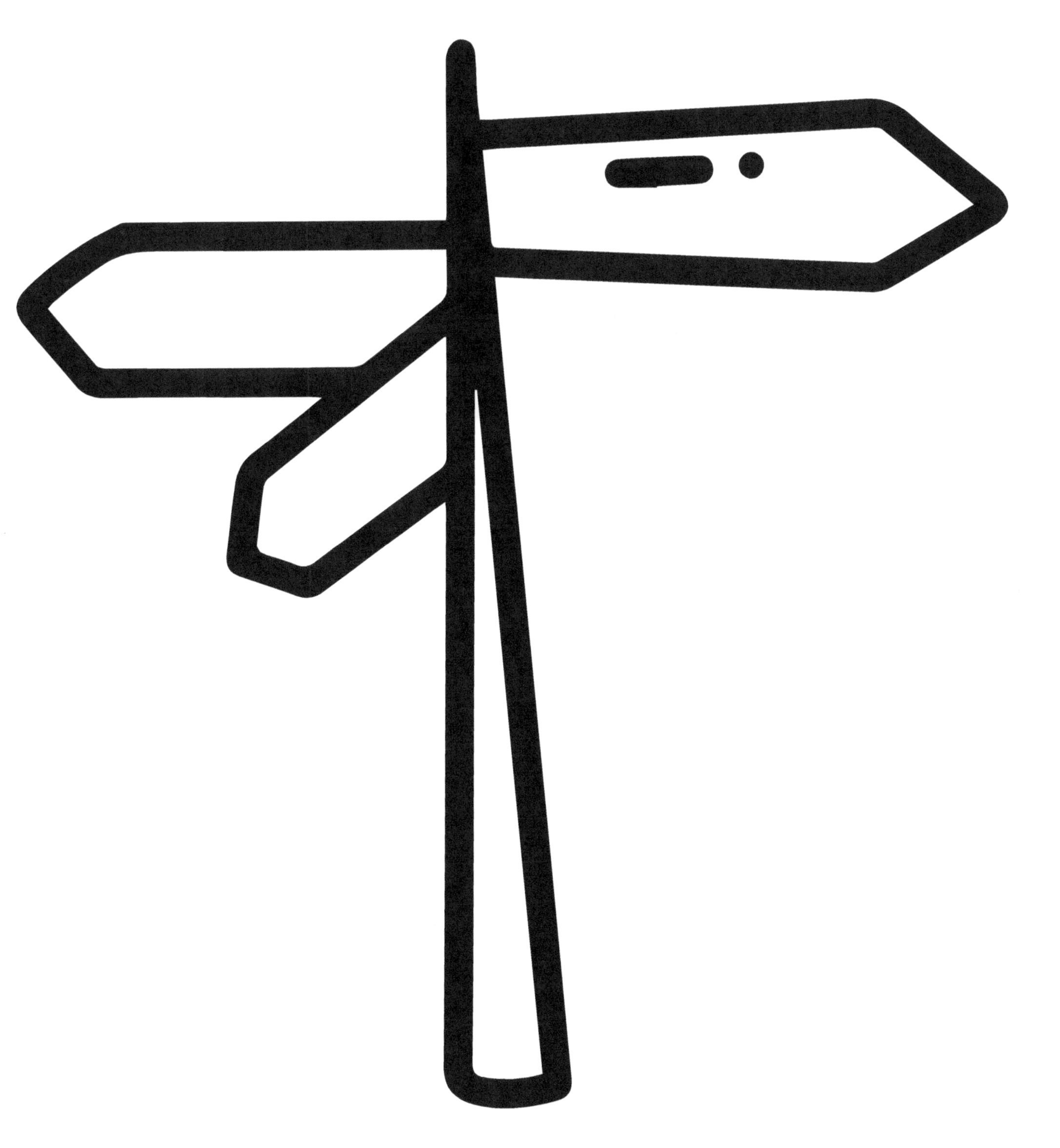

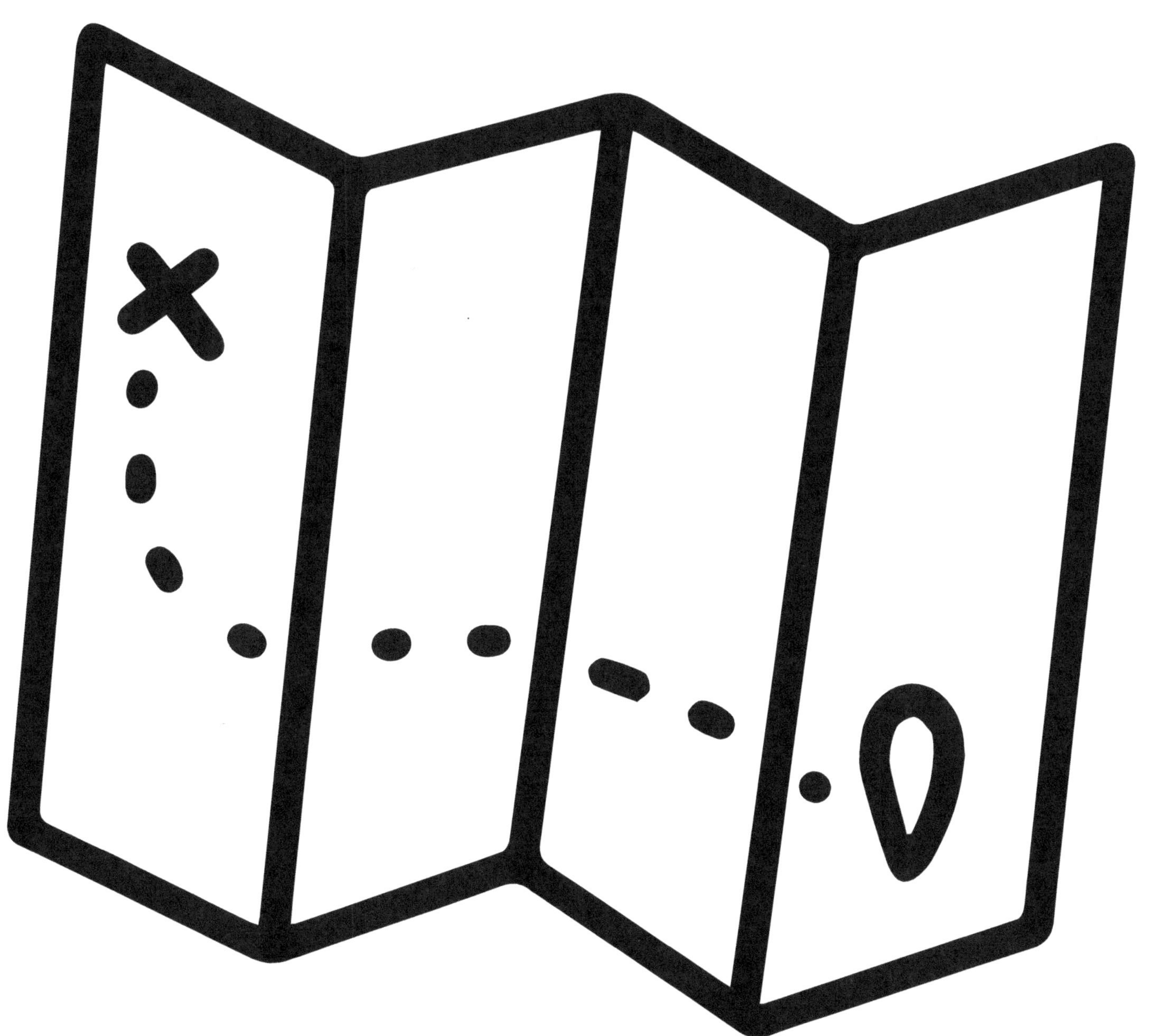

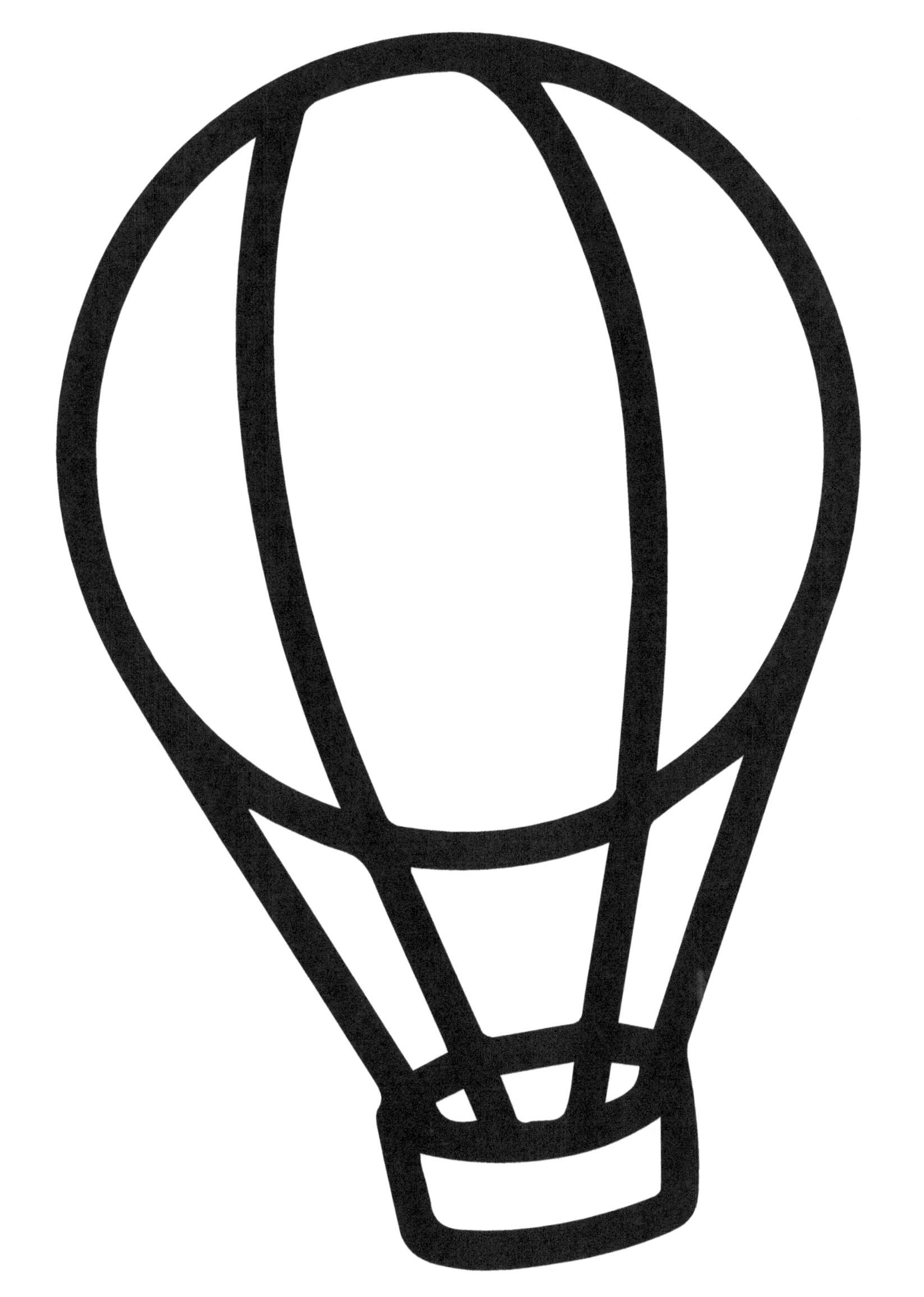

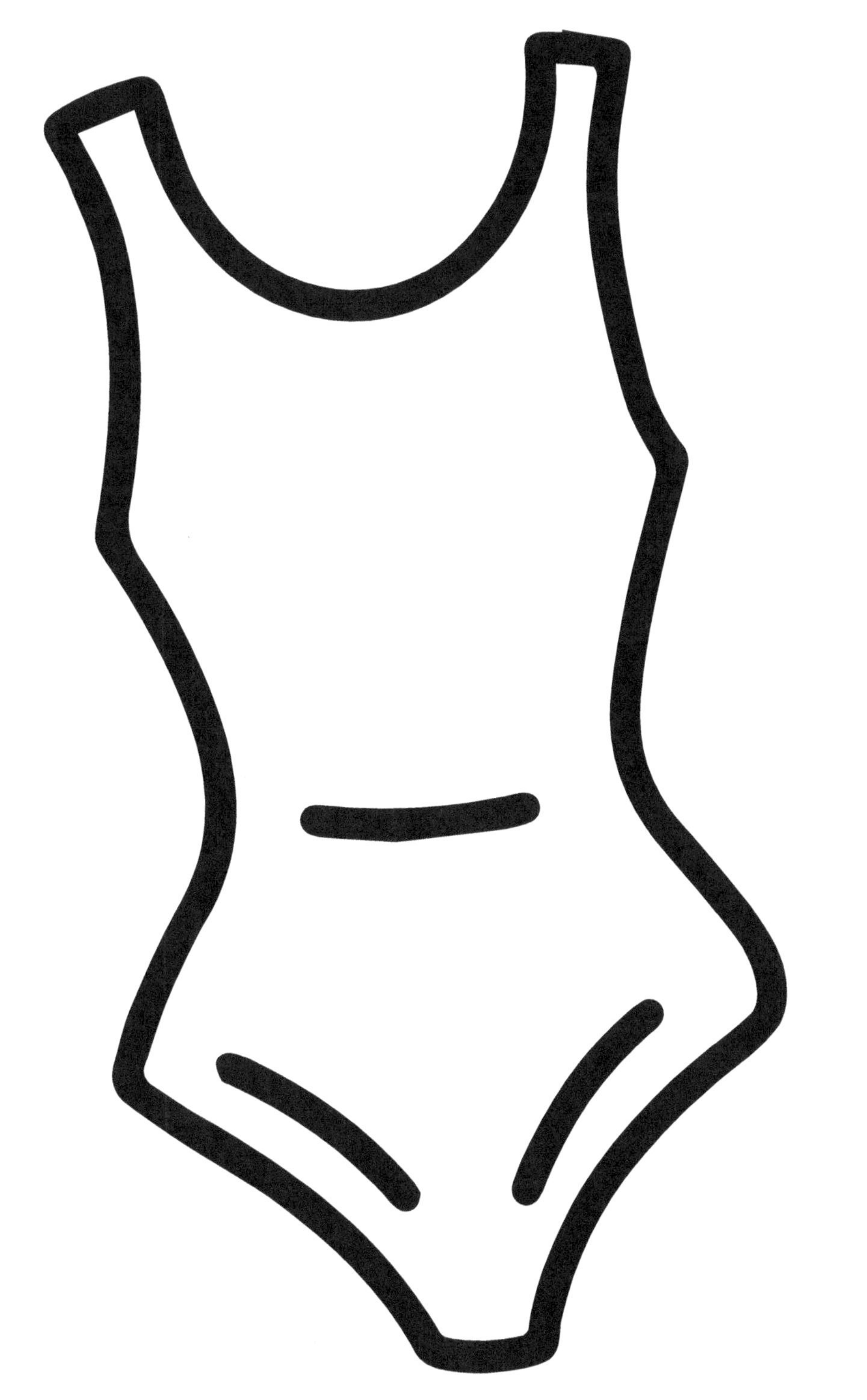

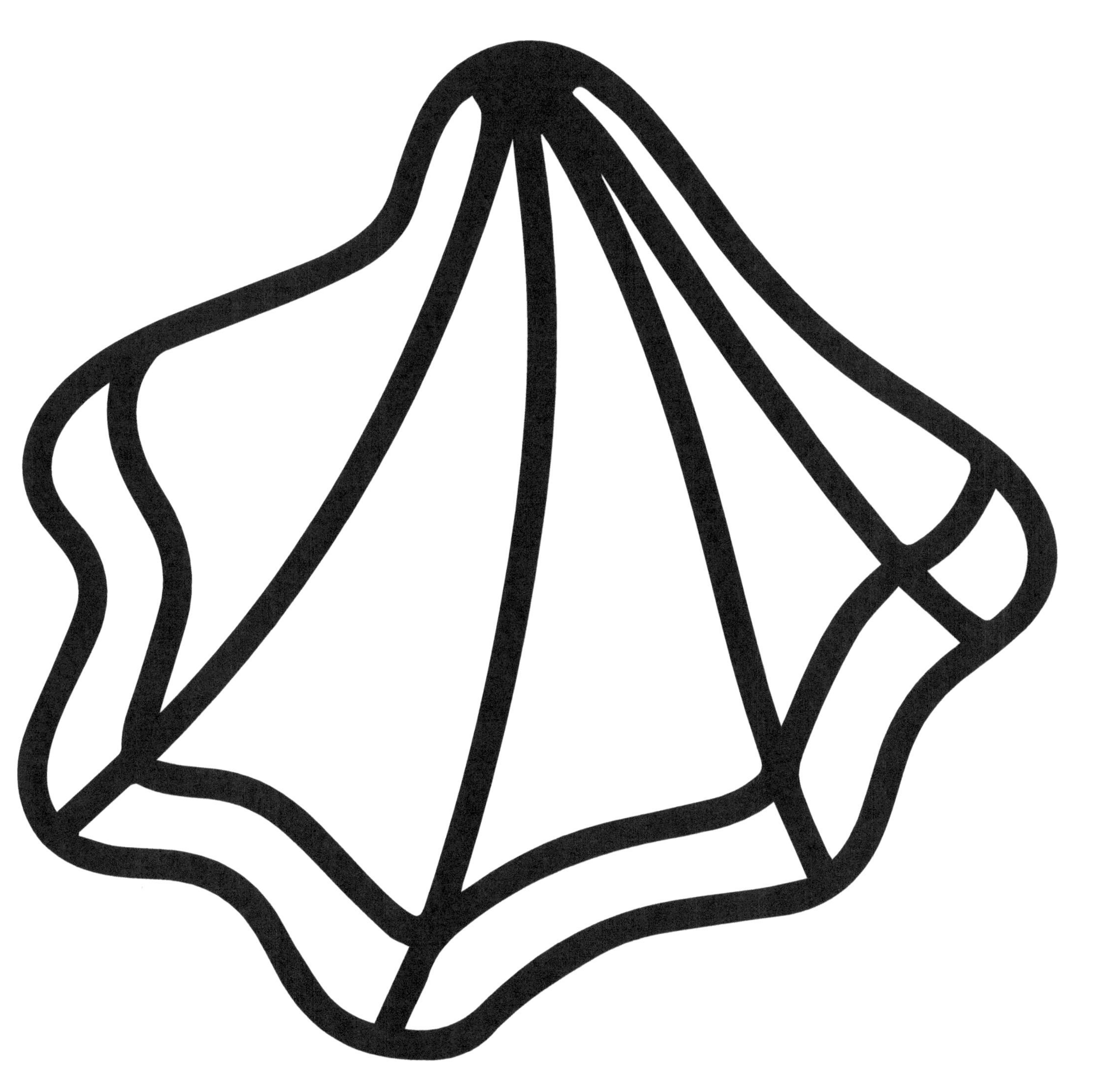

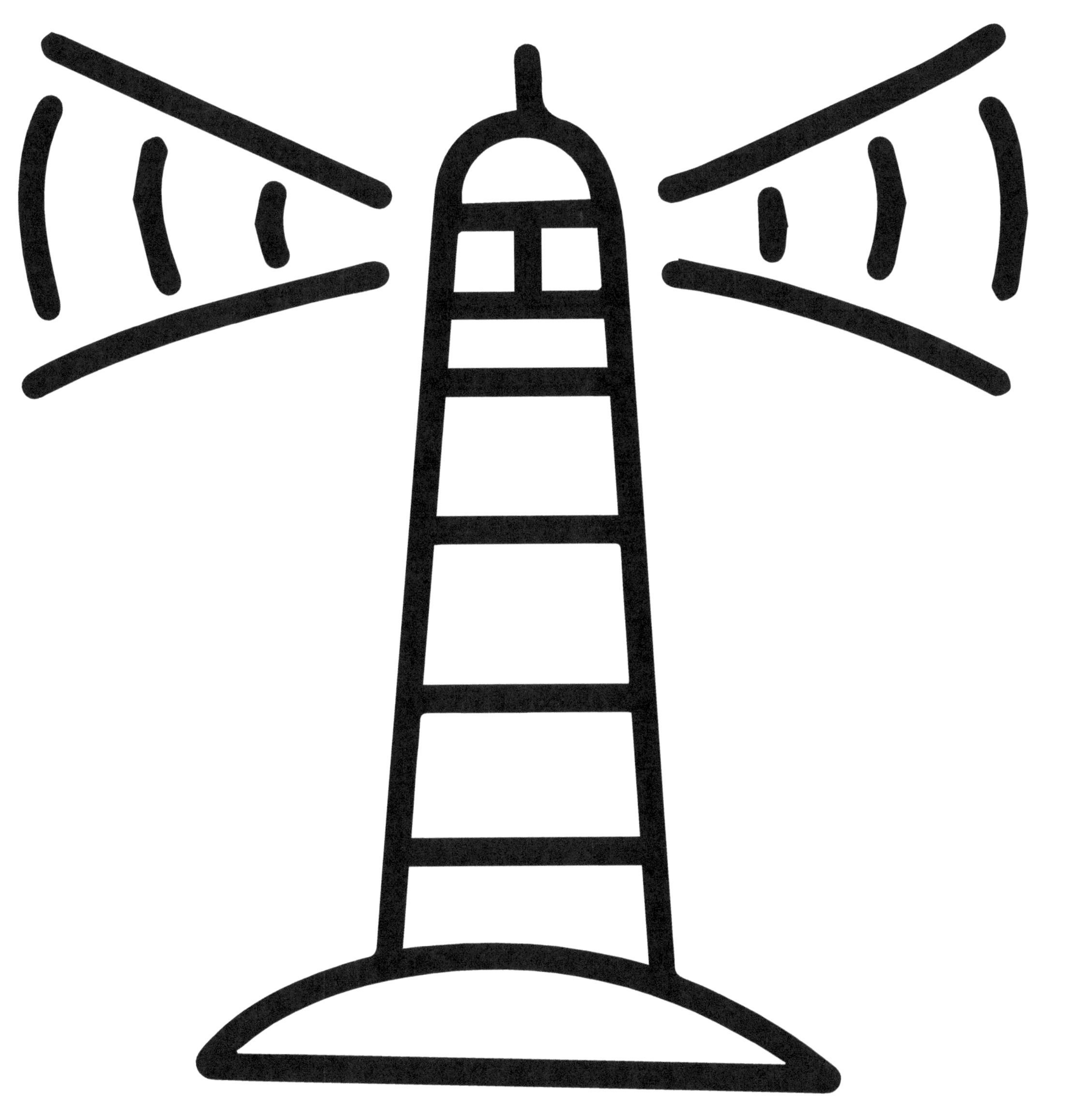

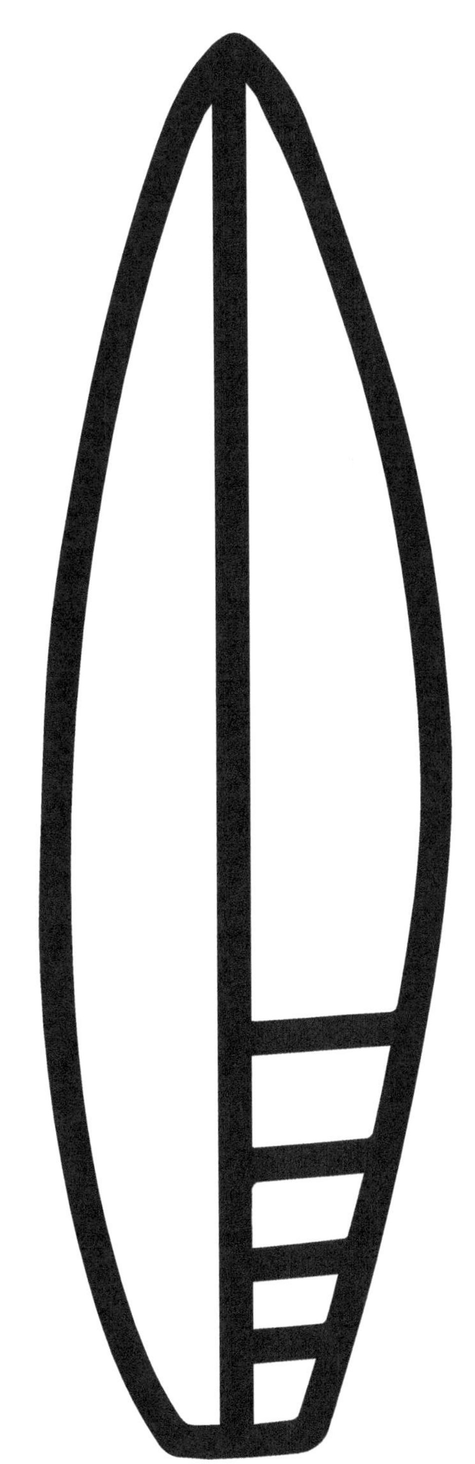

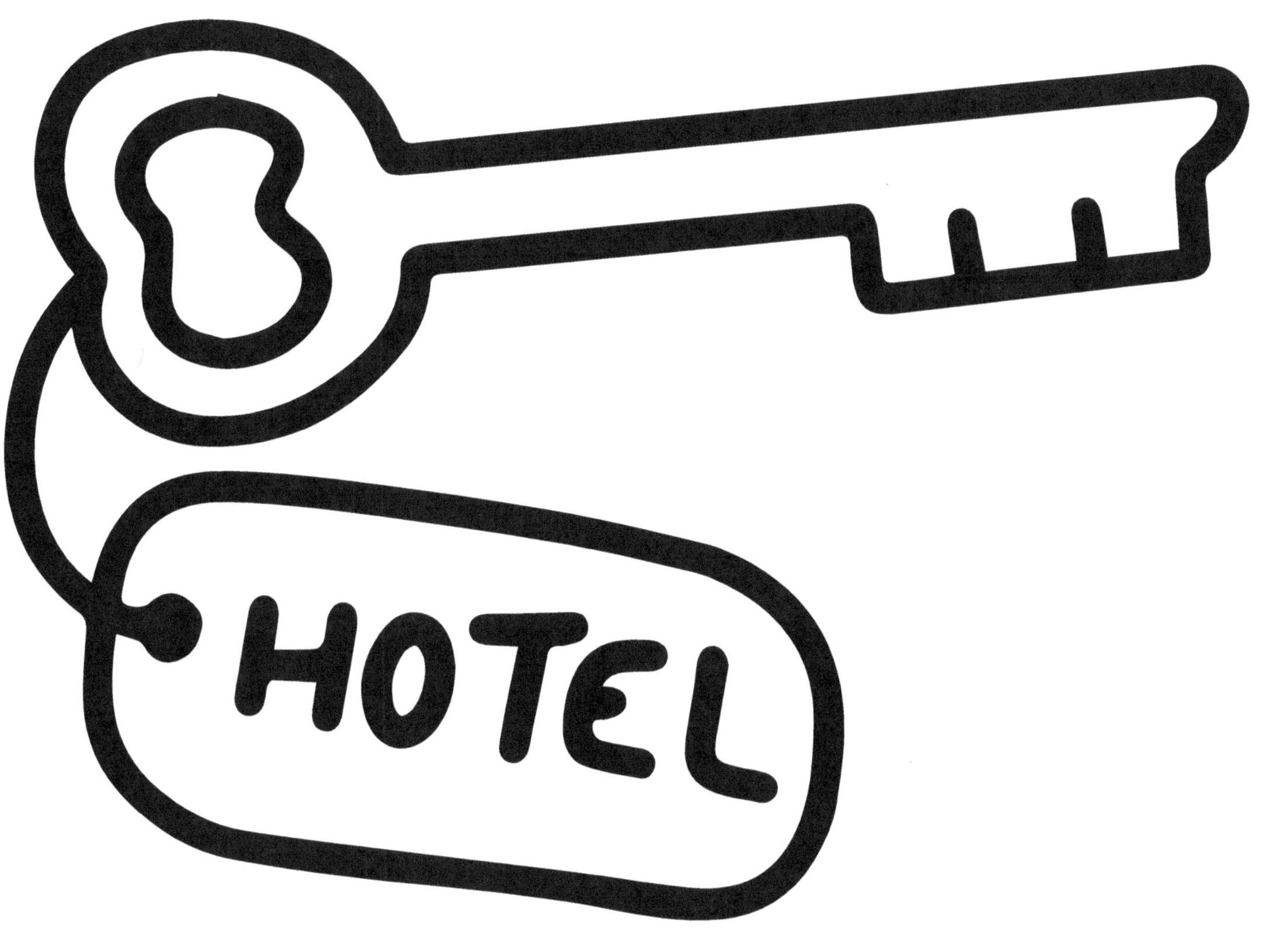
HOTEL

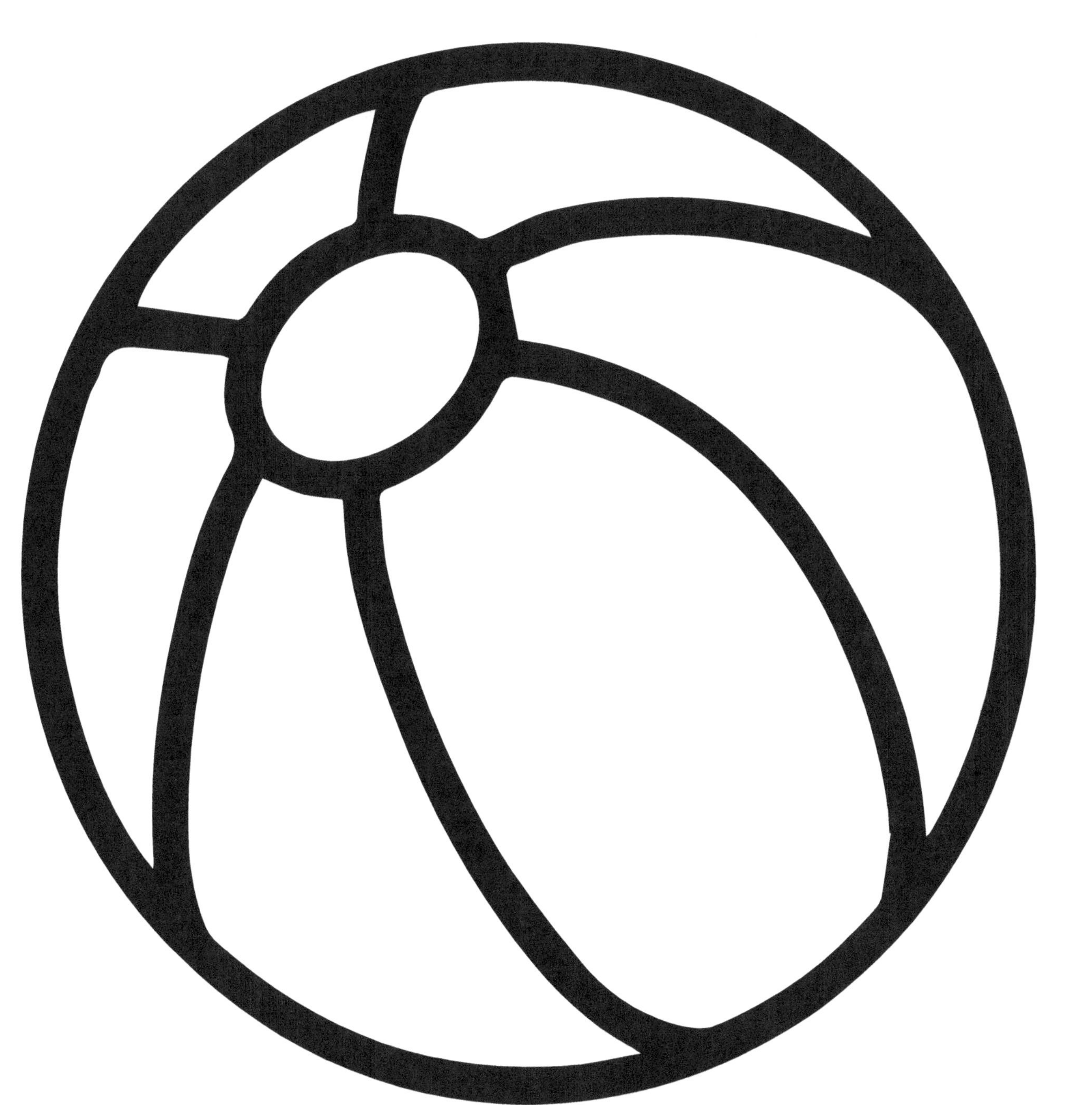

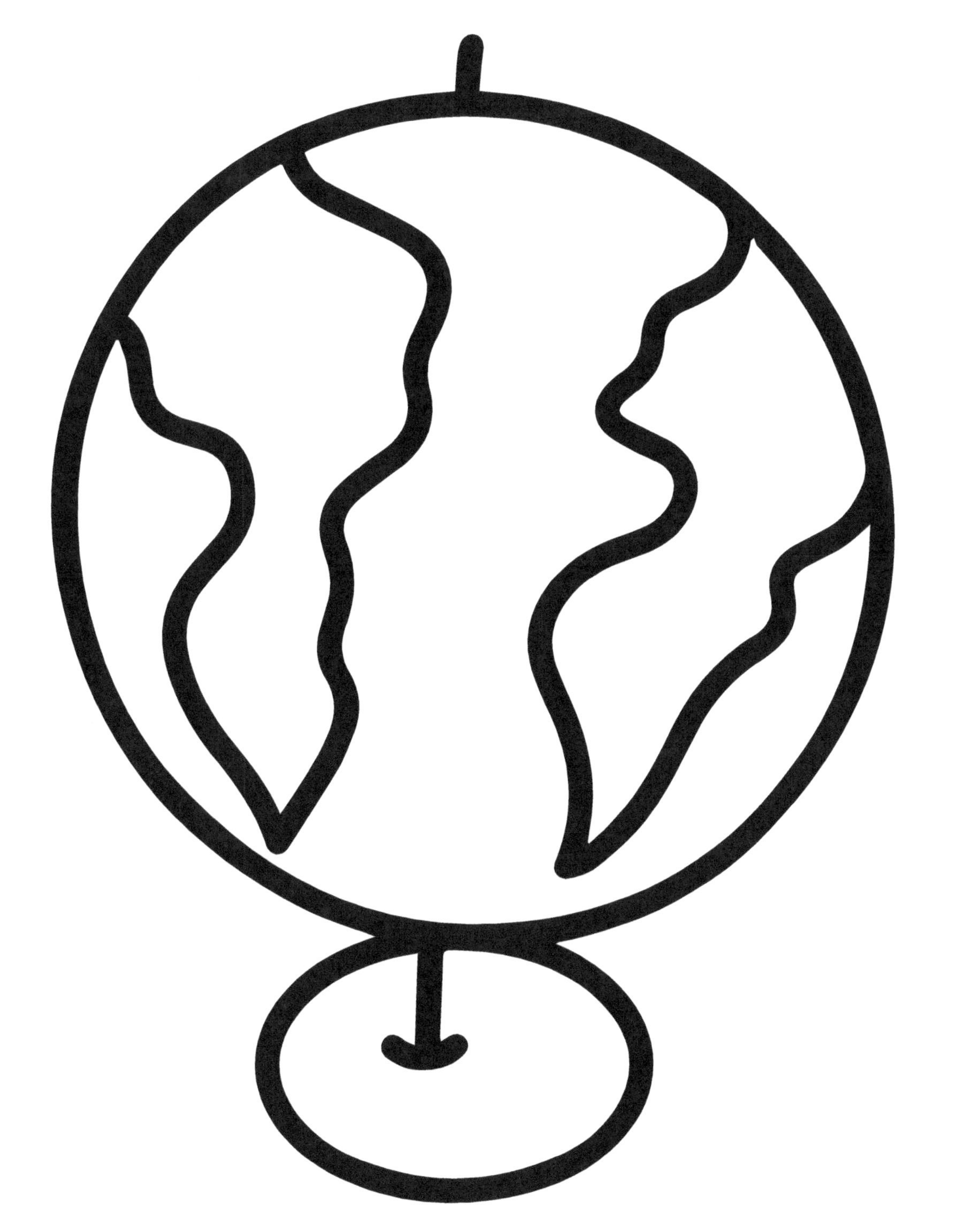

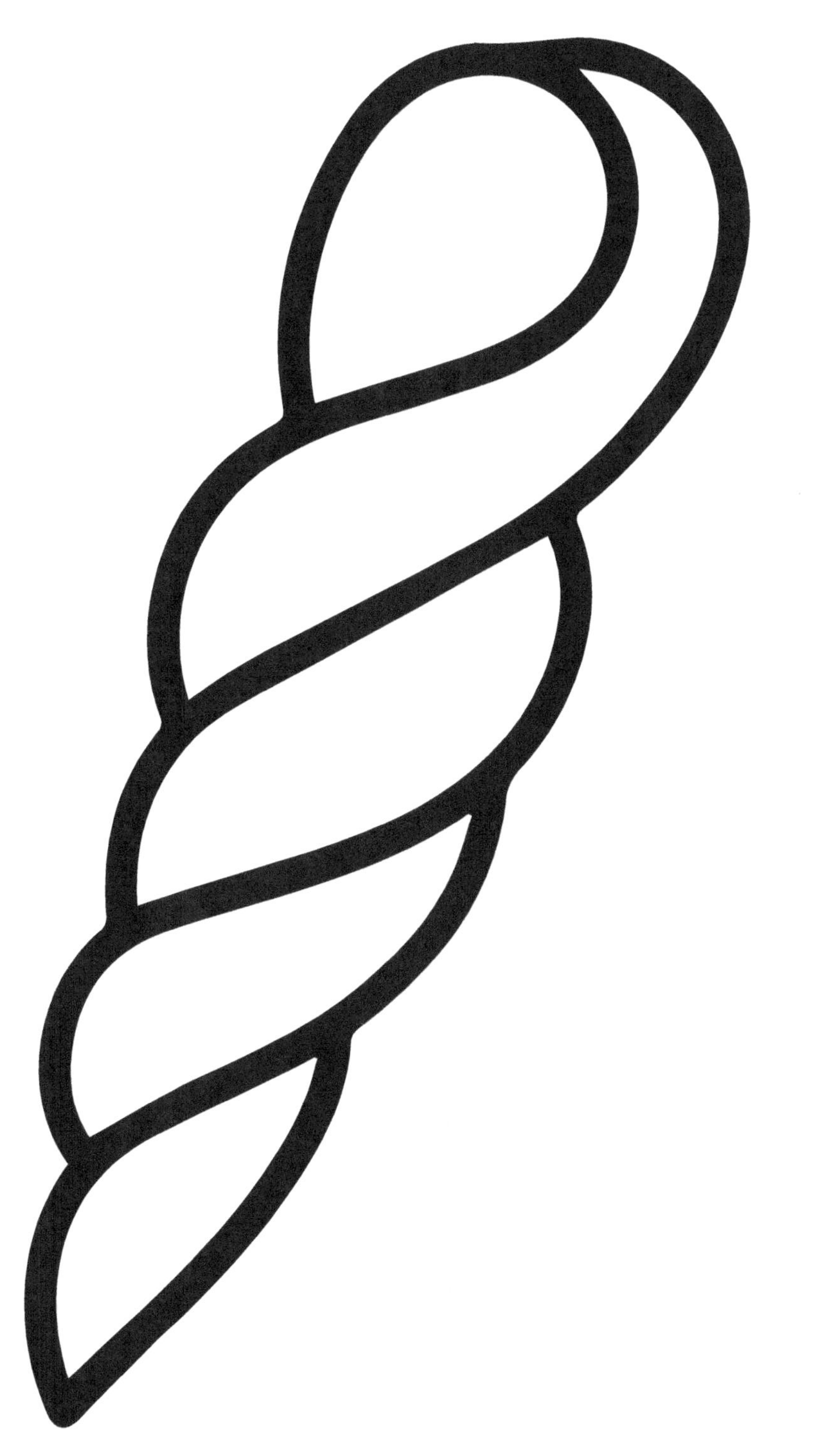

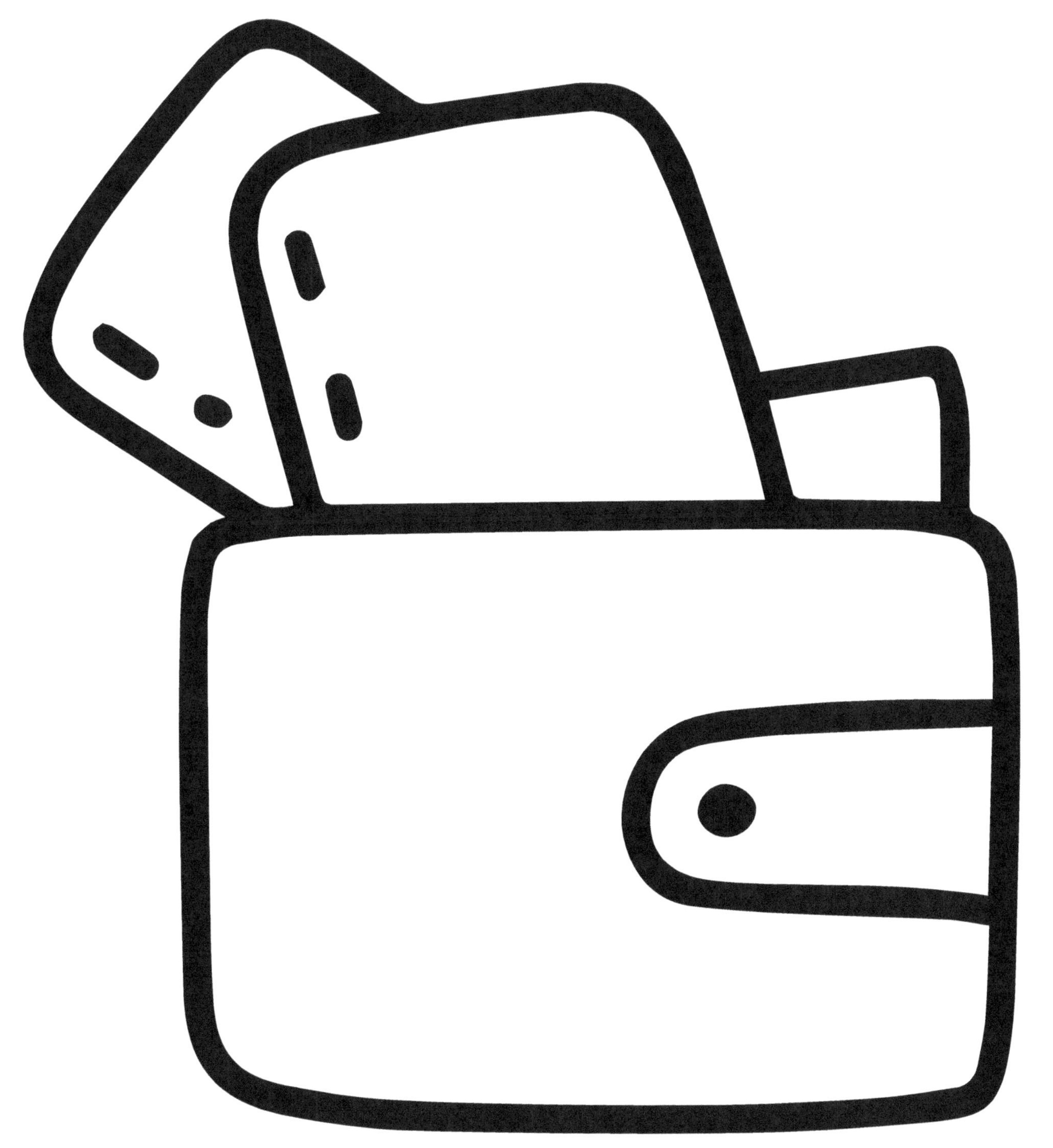

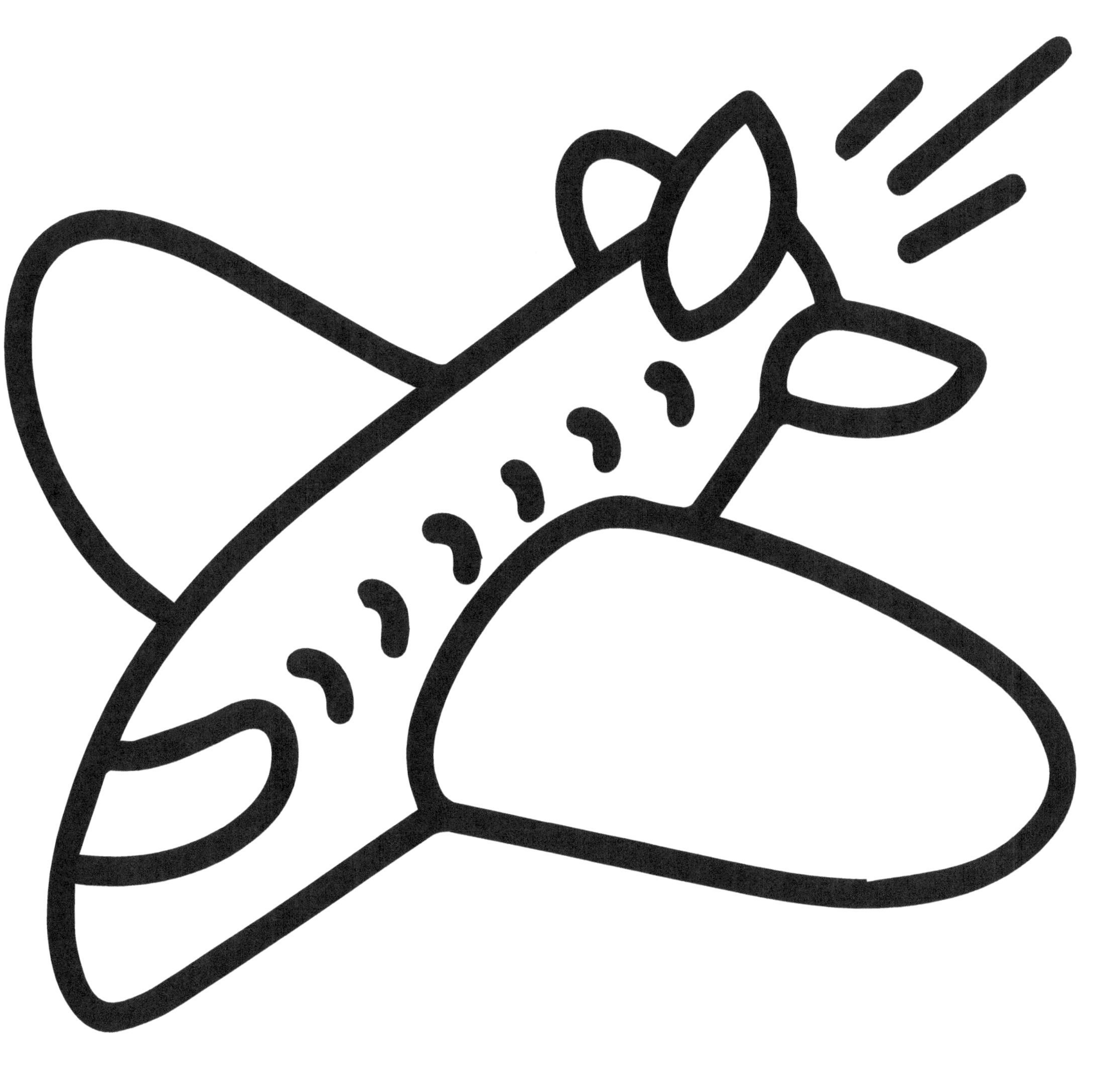

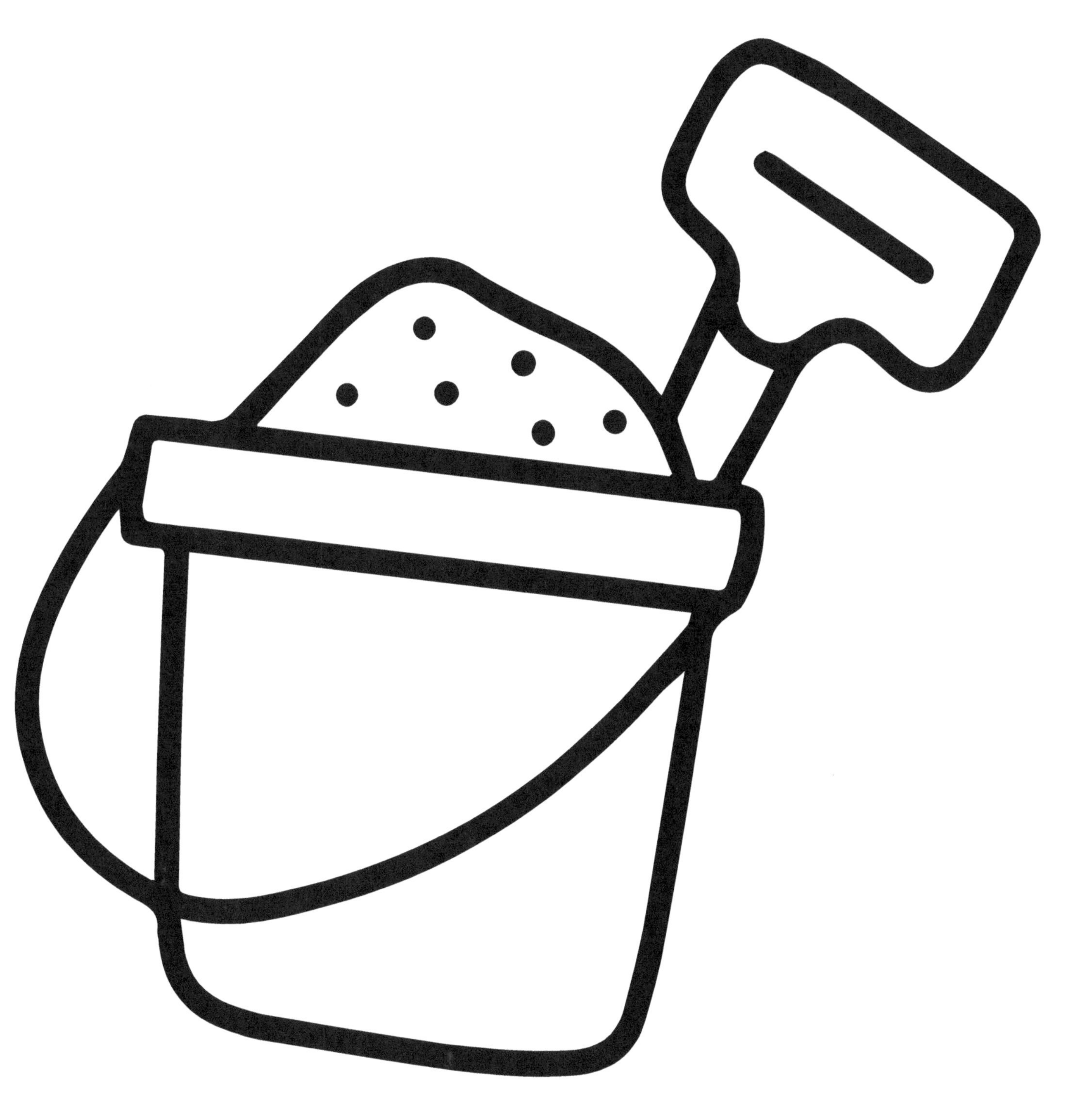

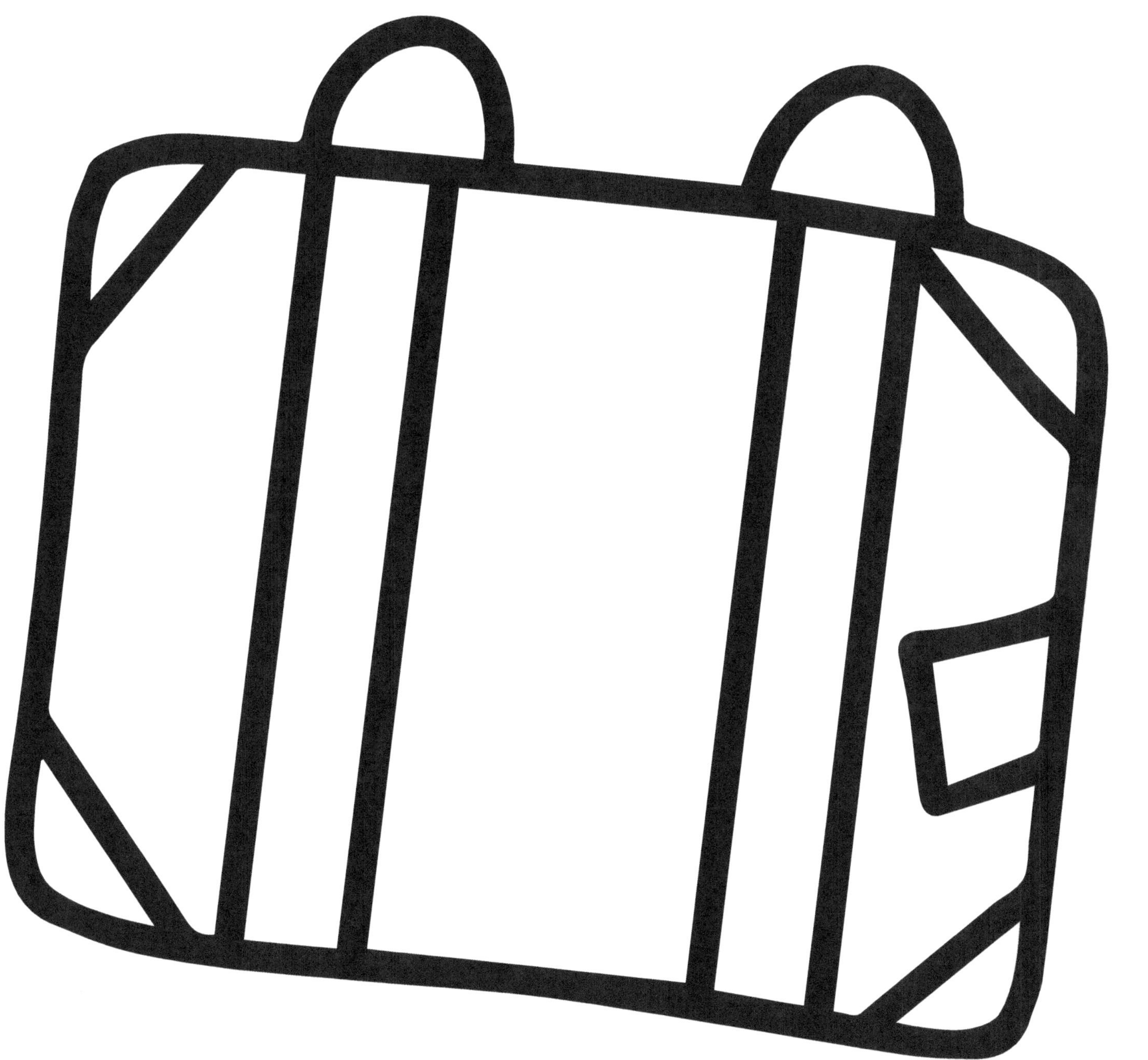

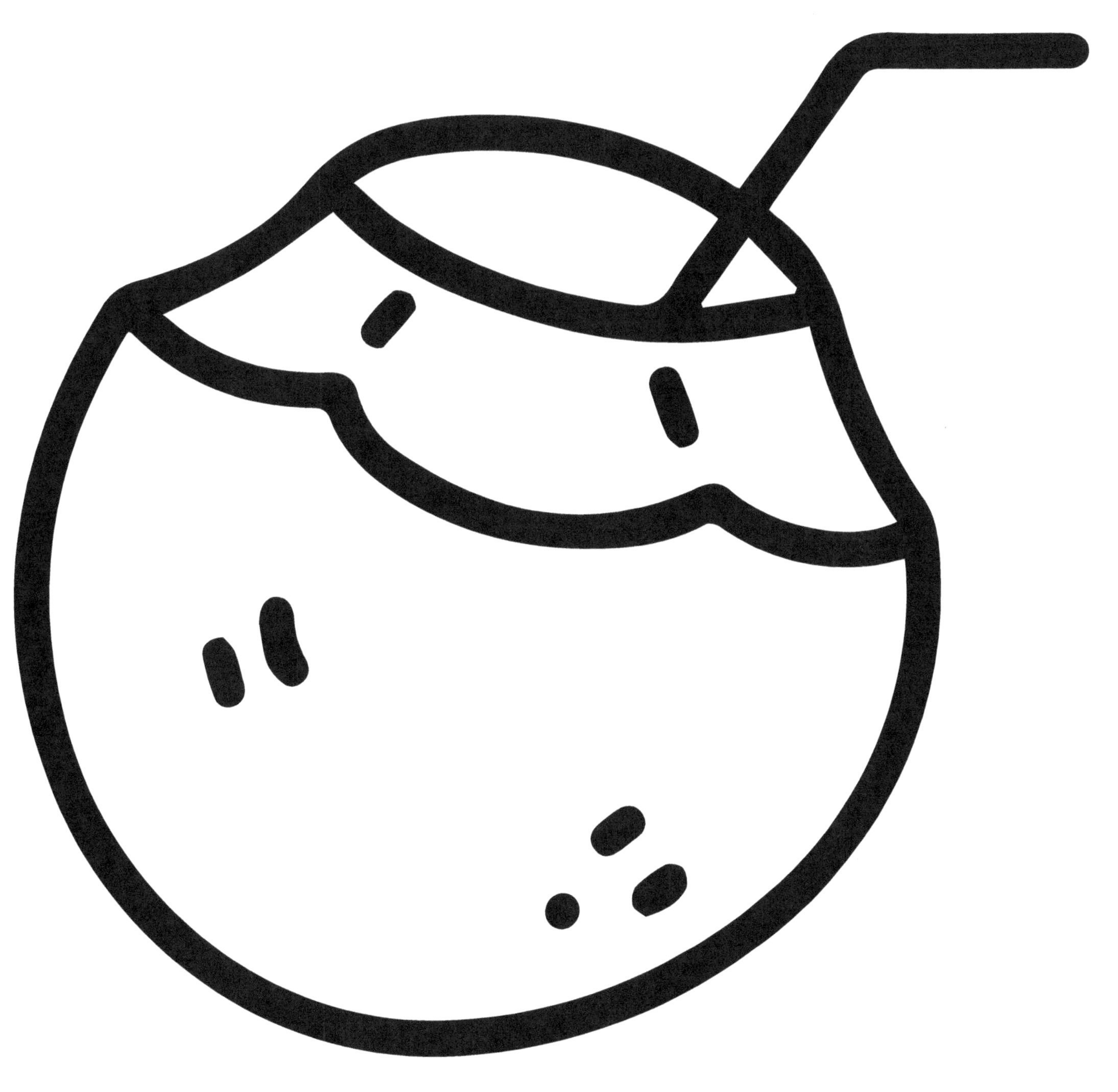

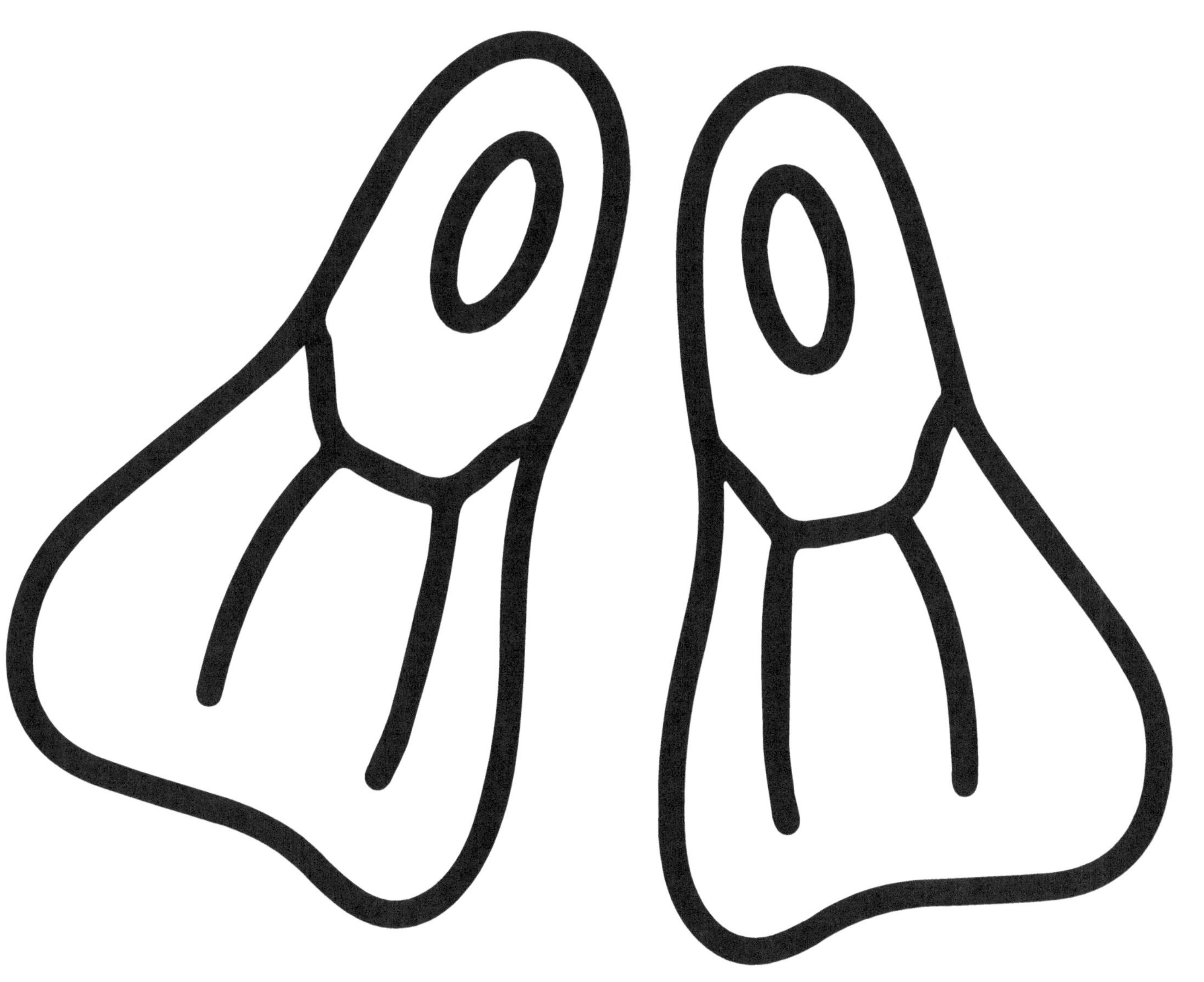

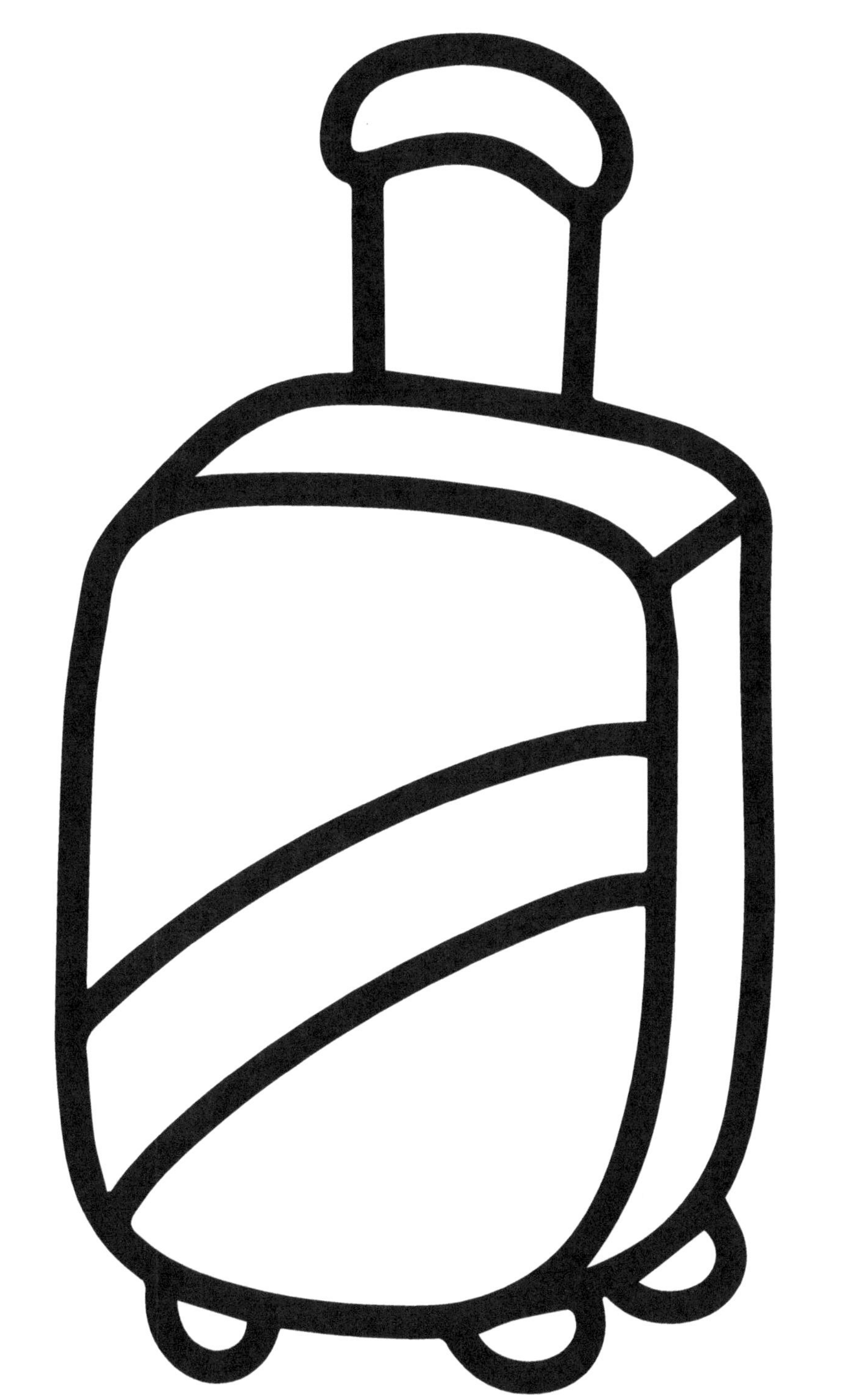

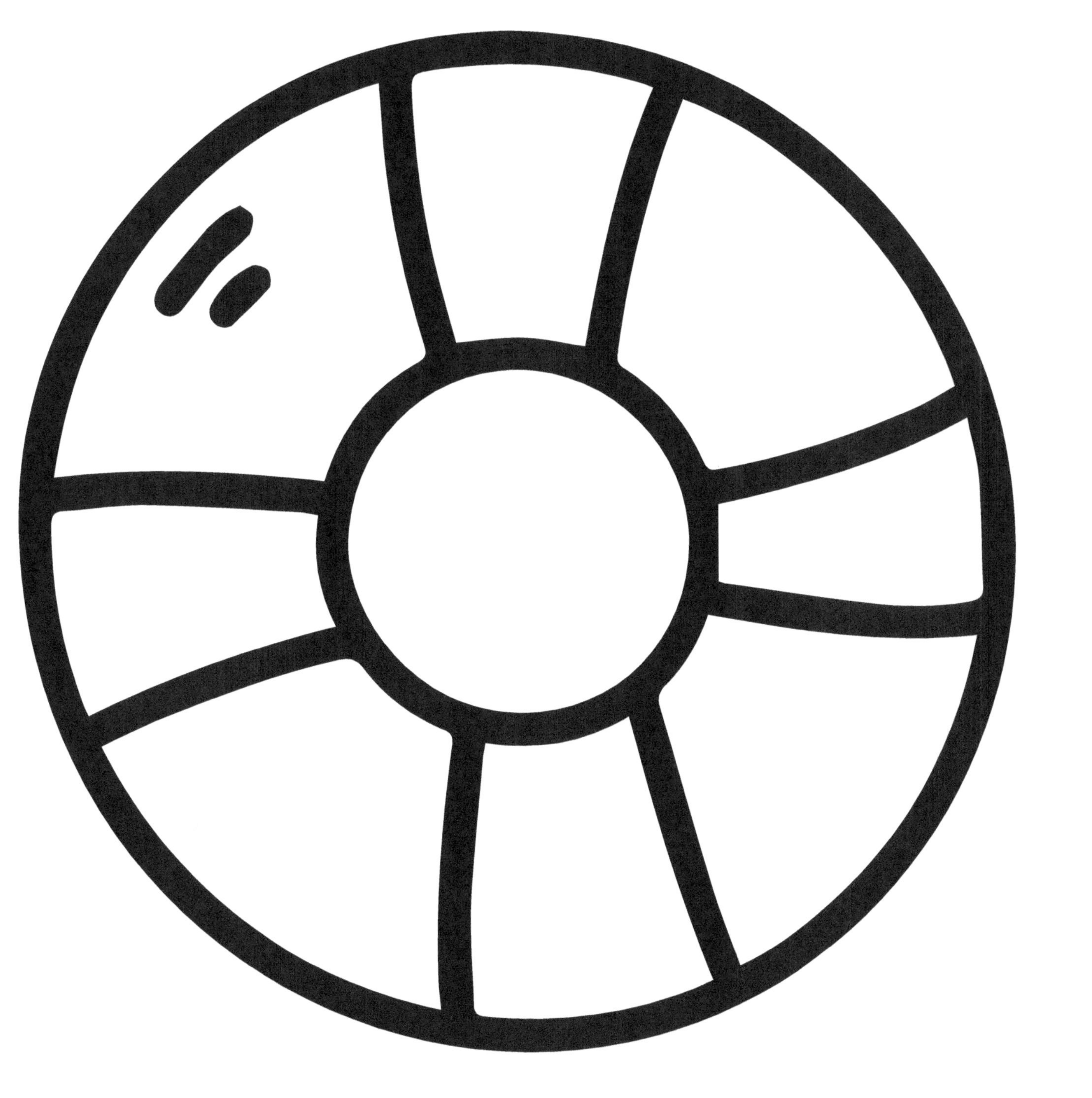

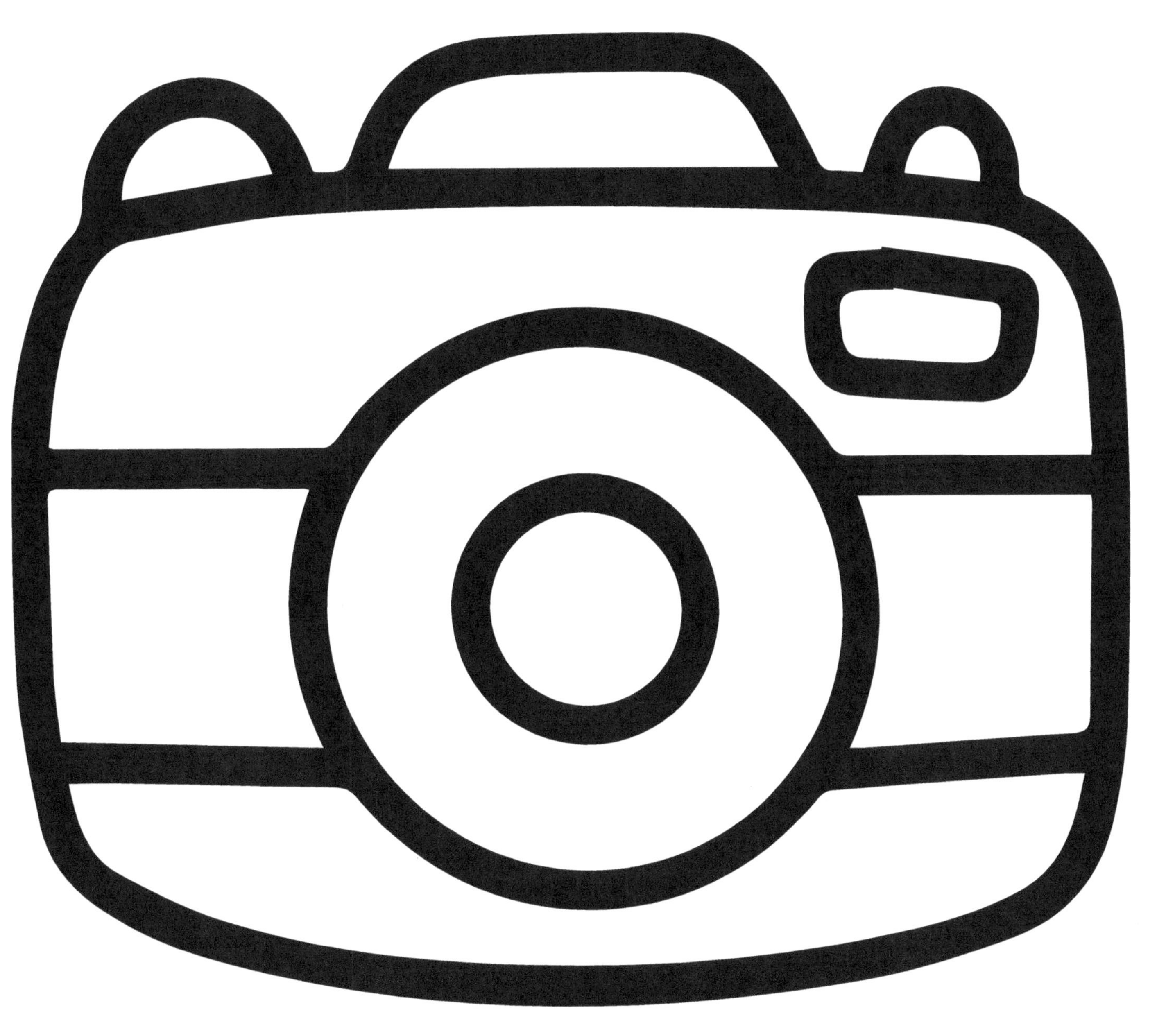

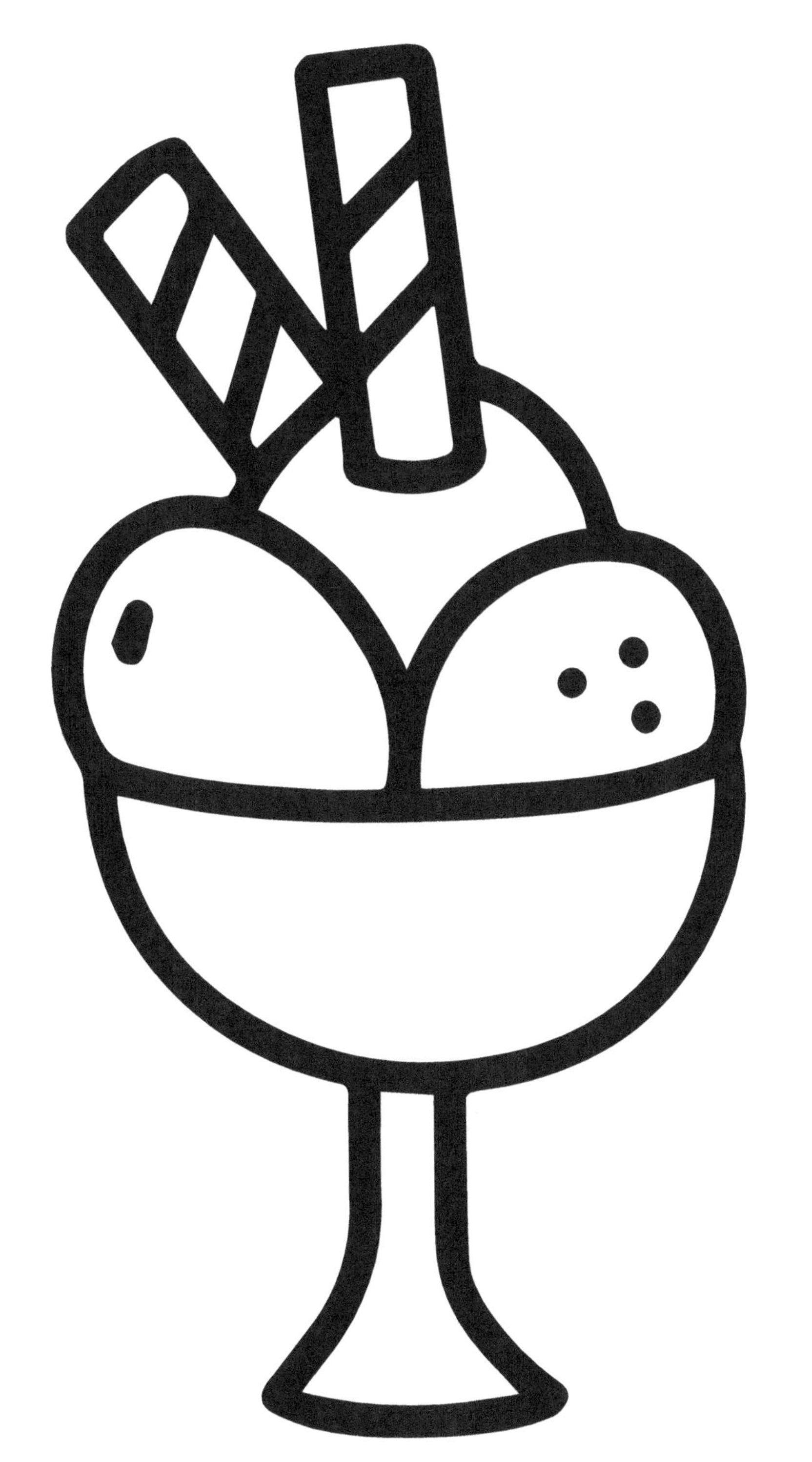

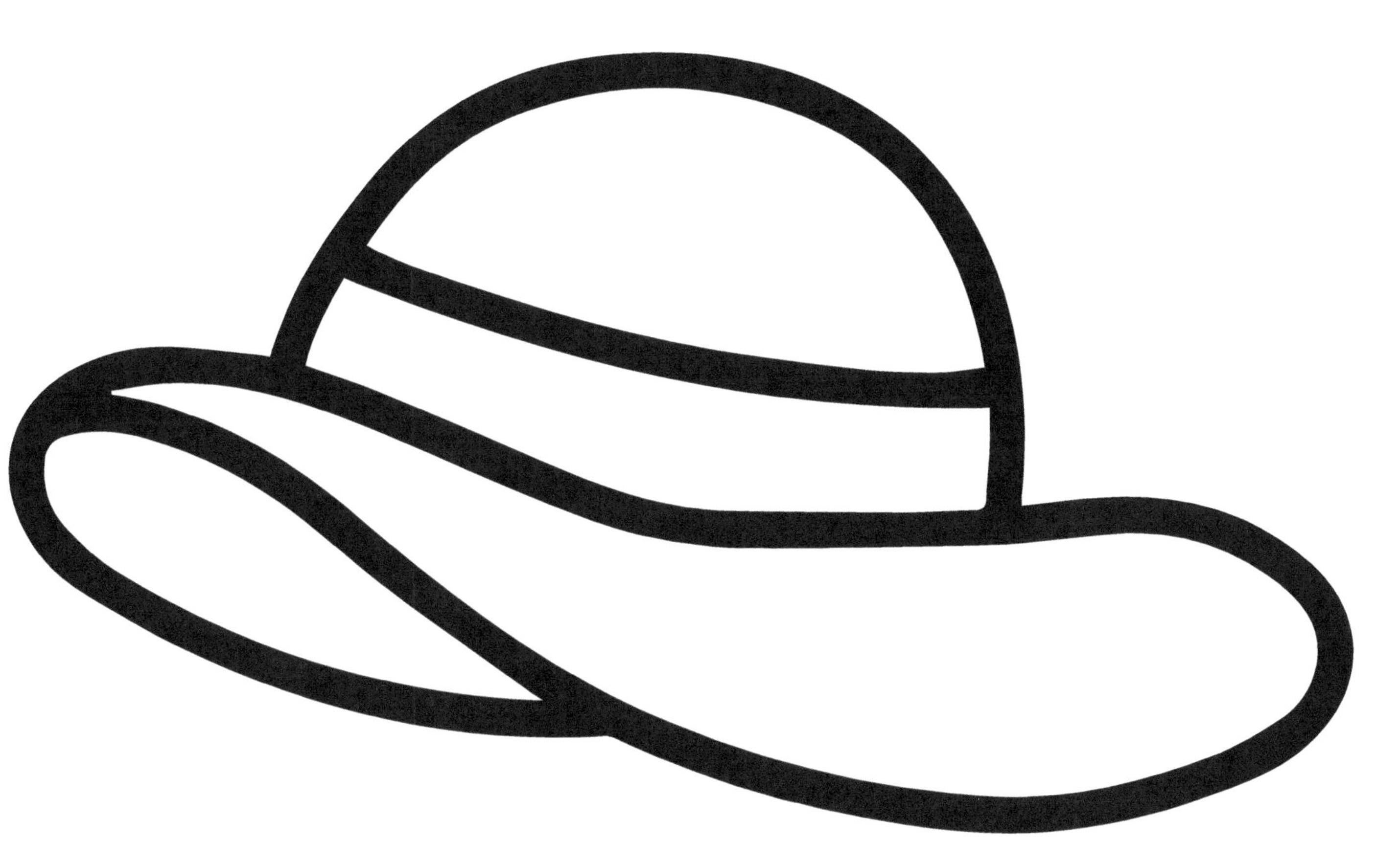

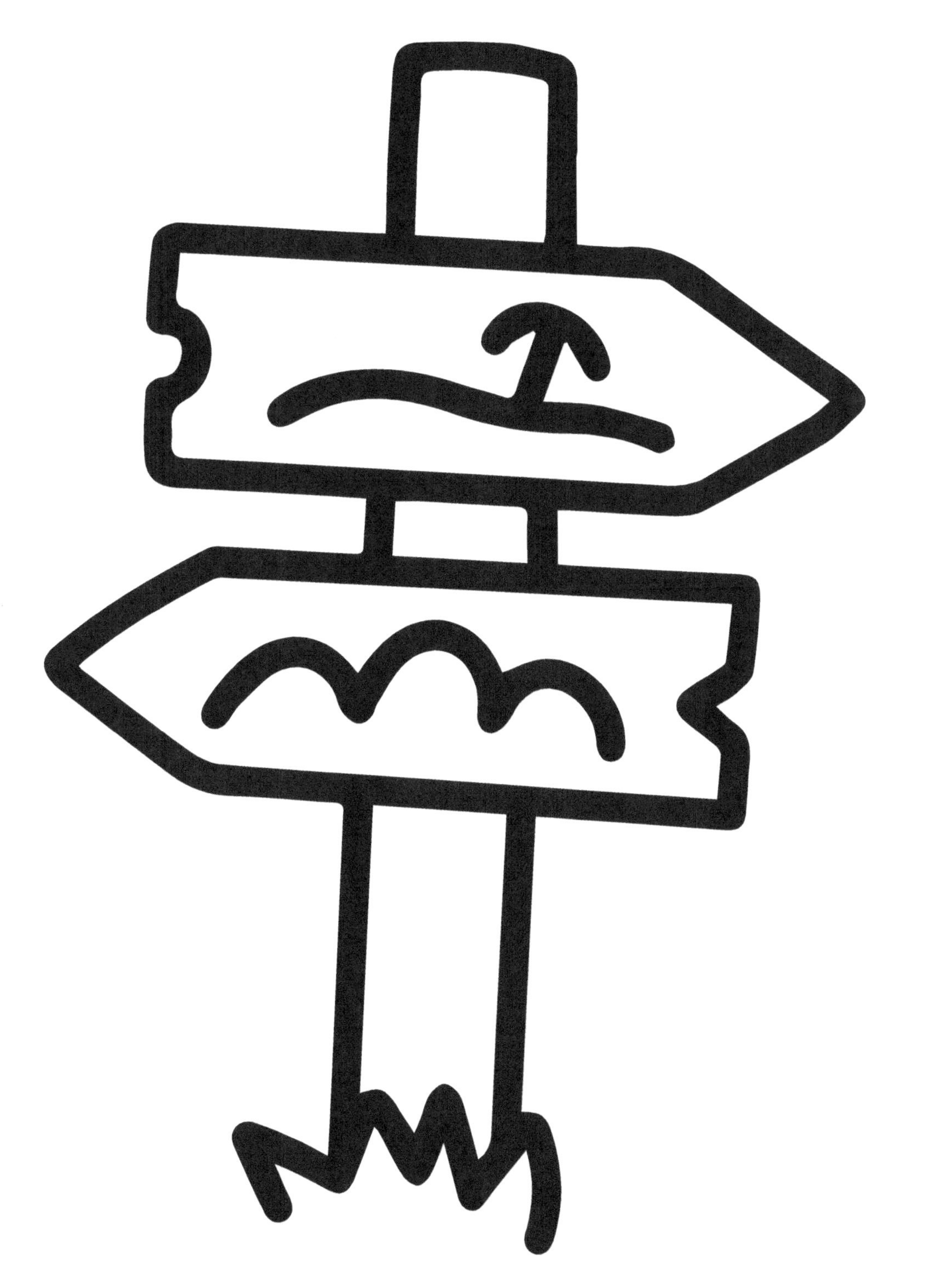

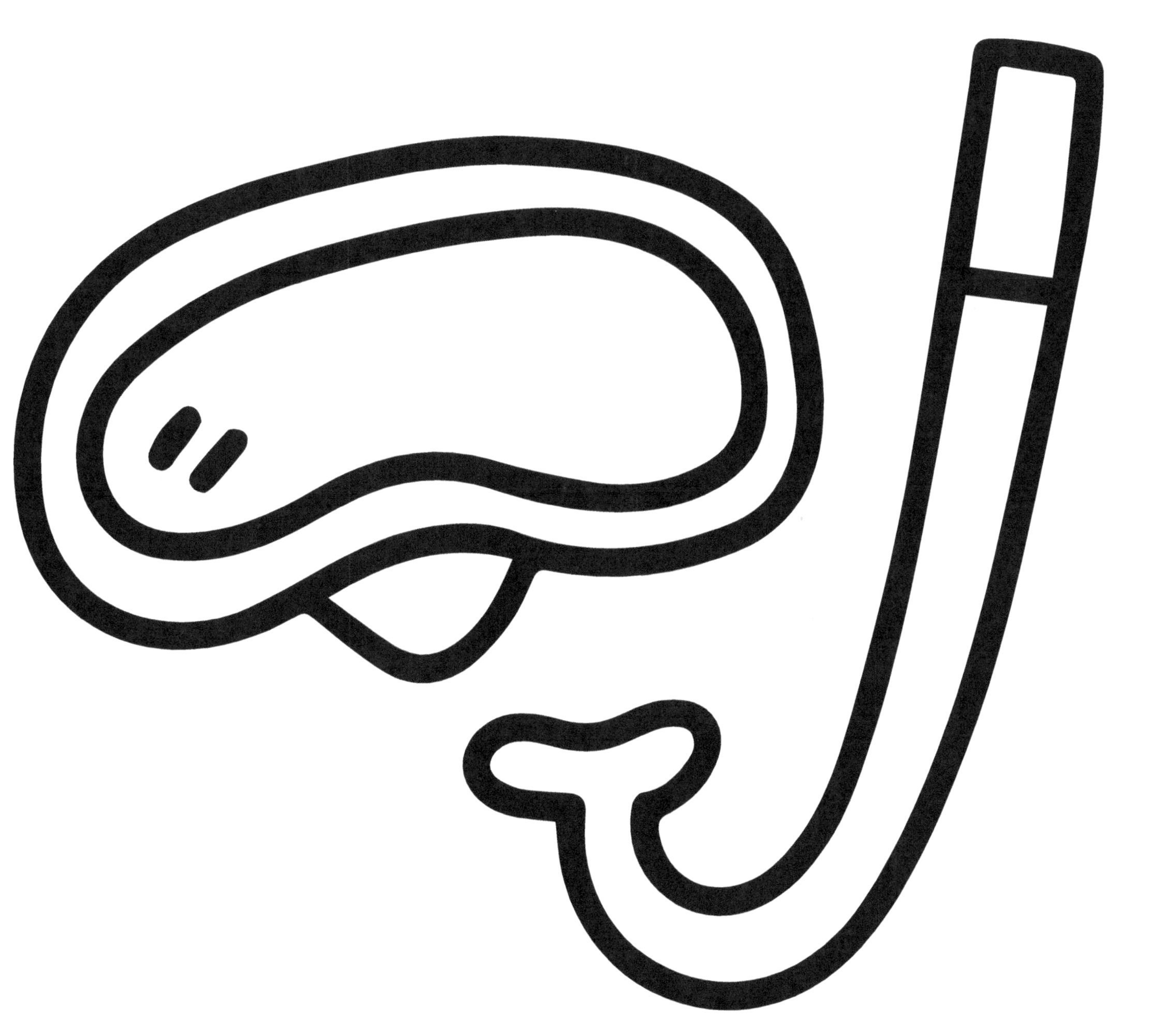

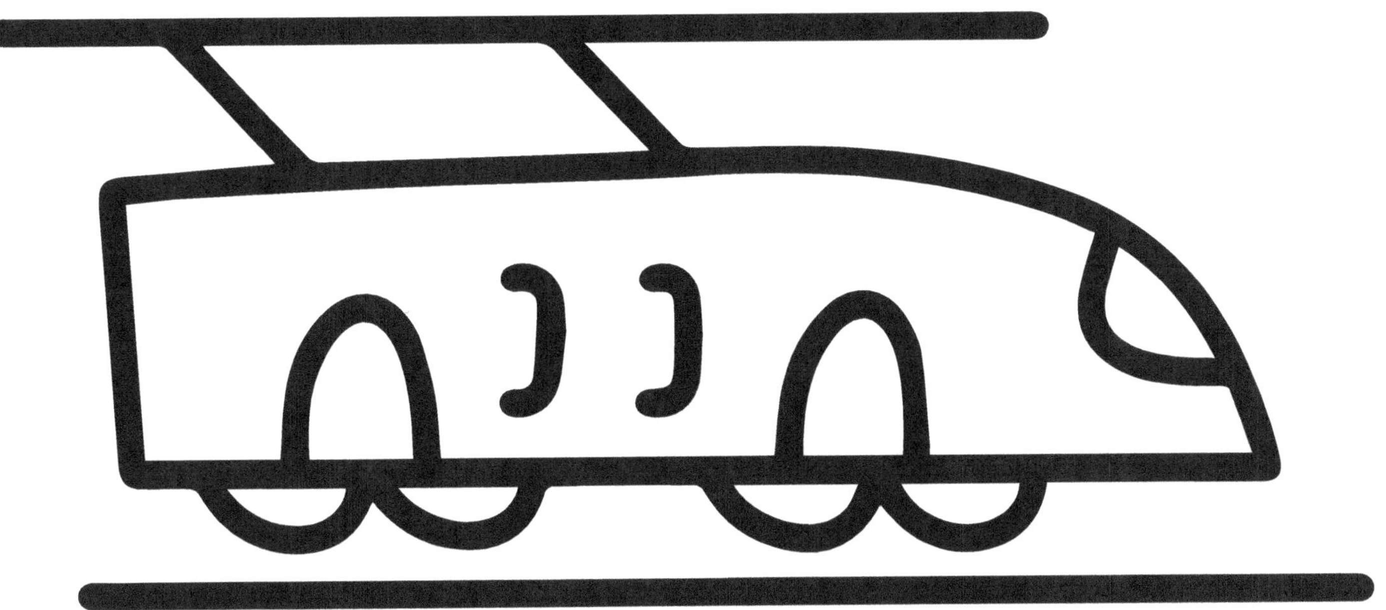

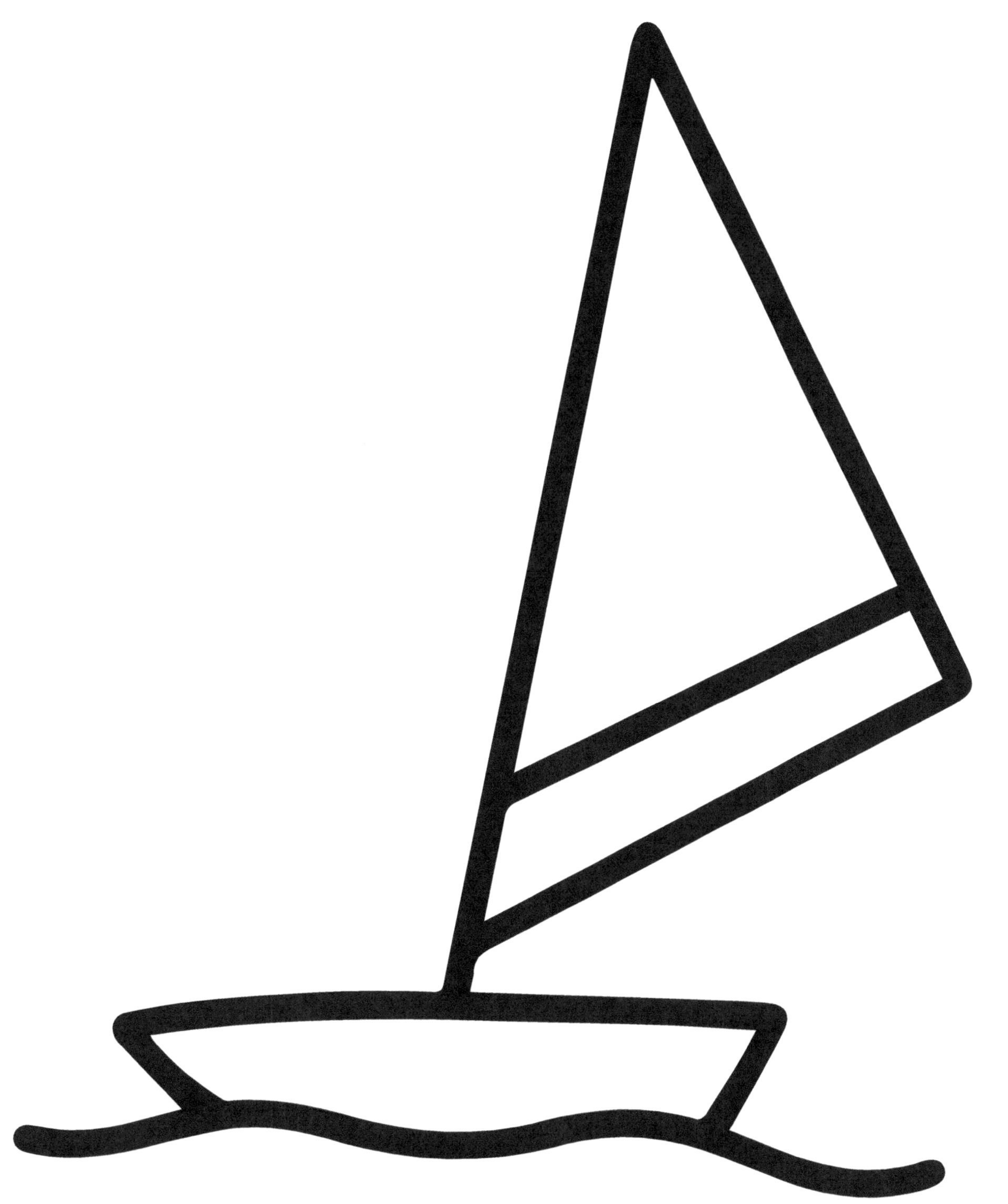

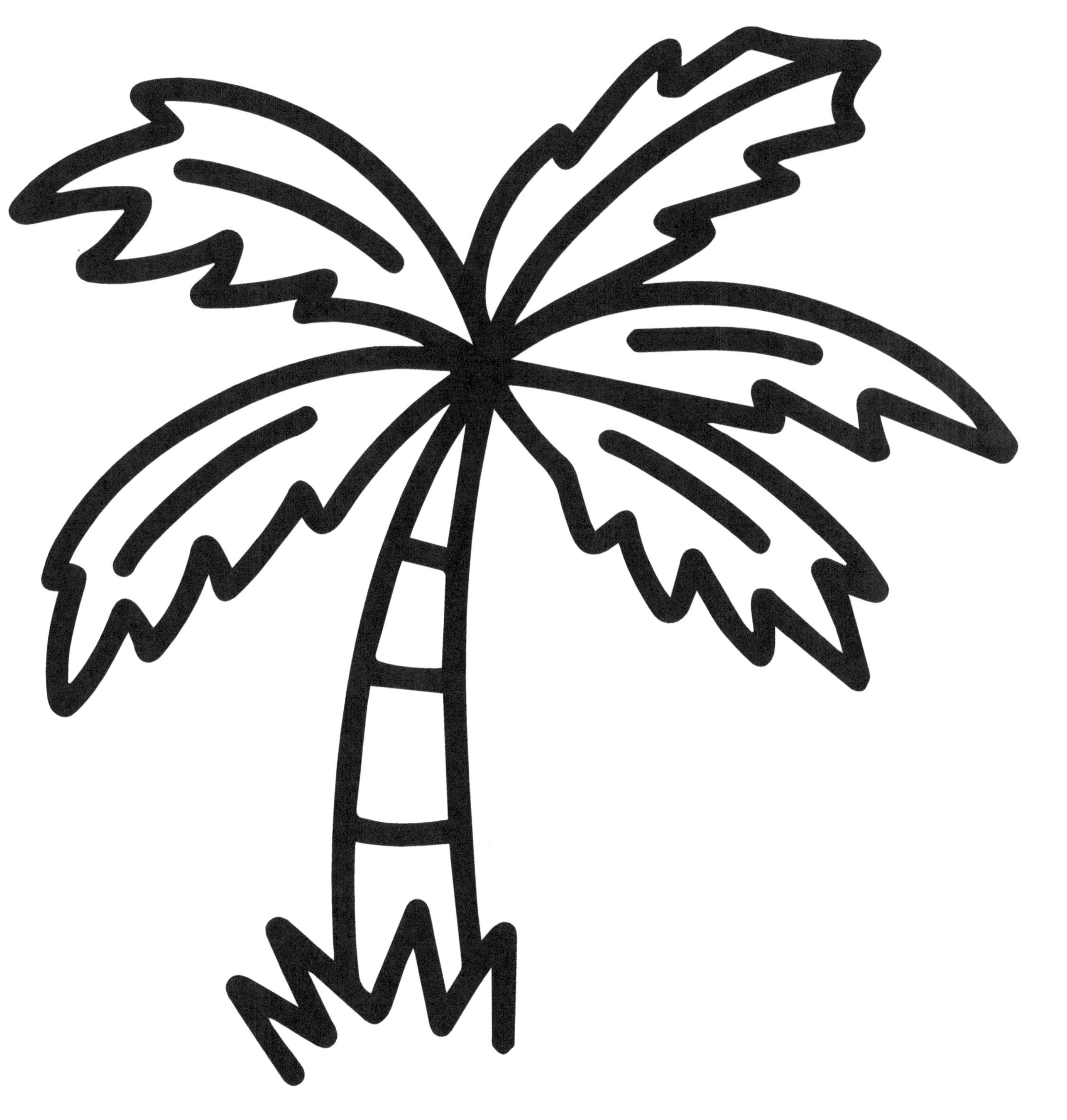

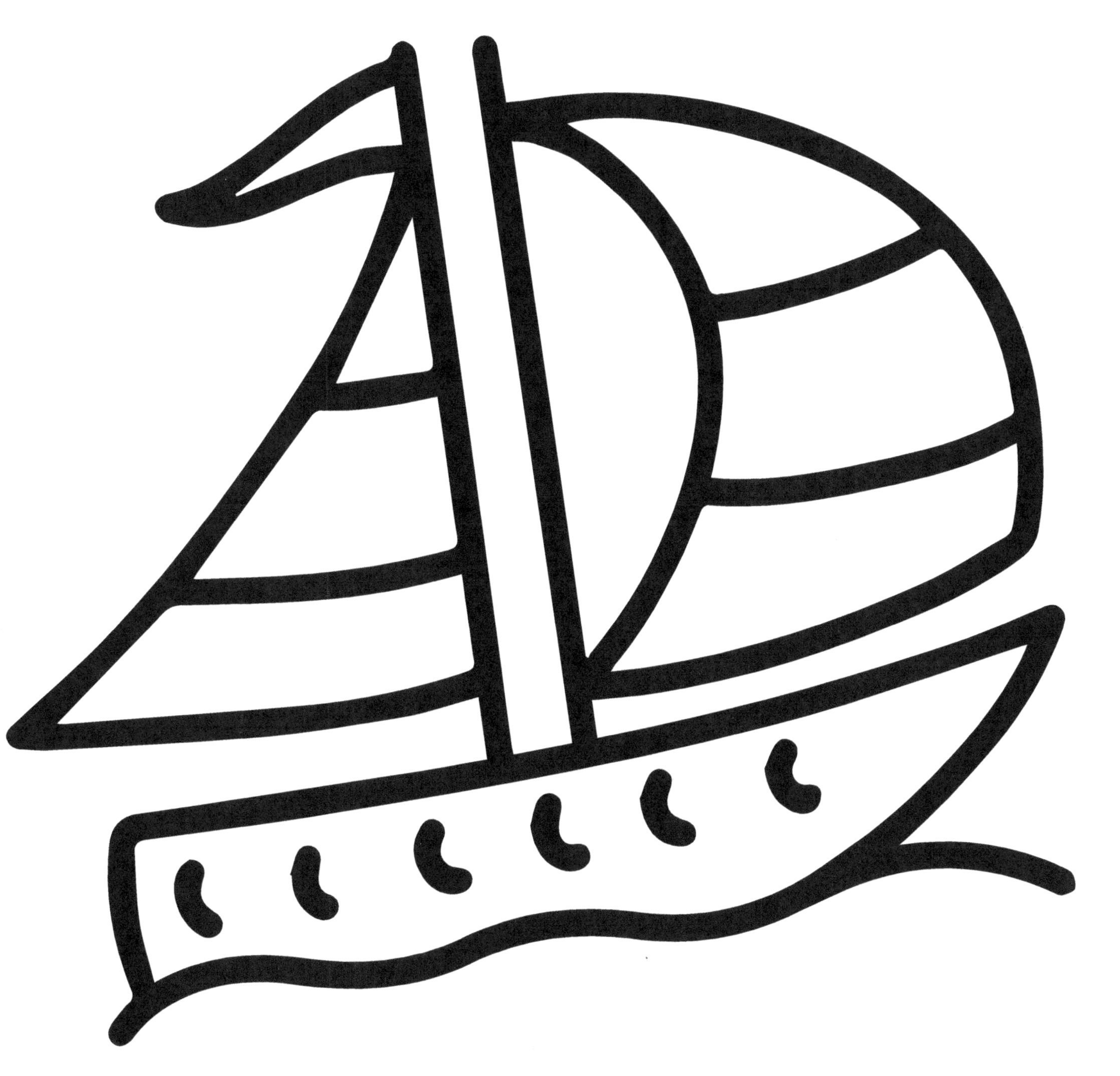

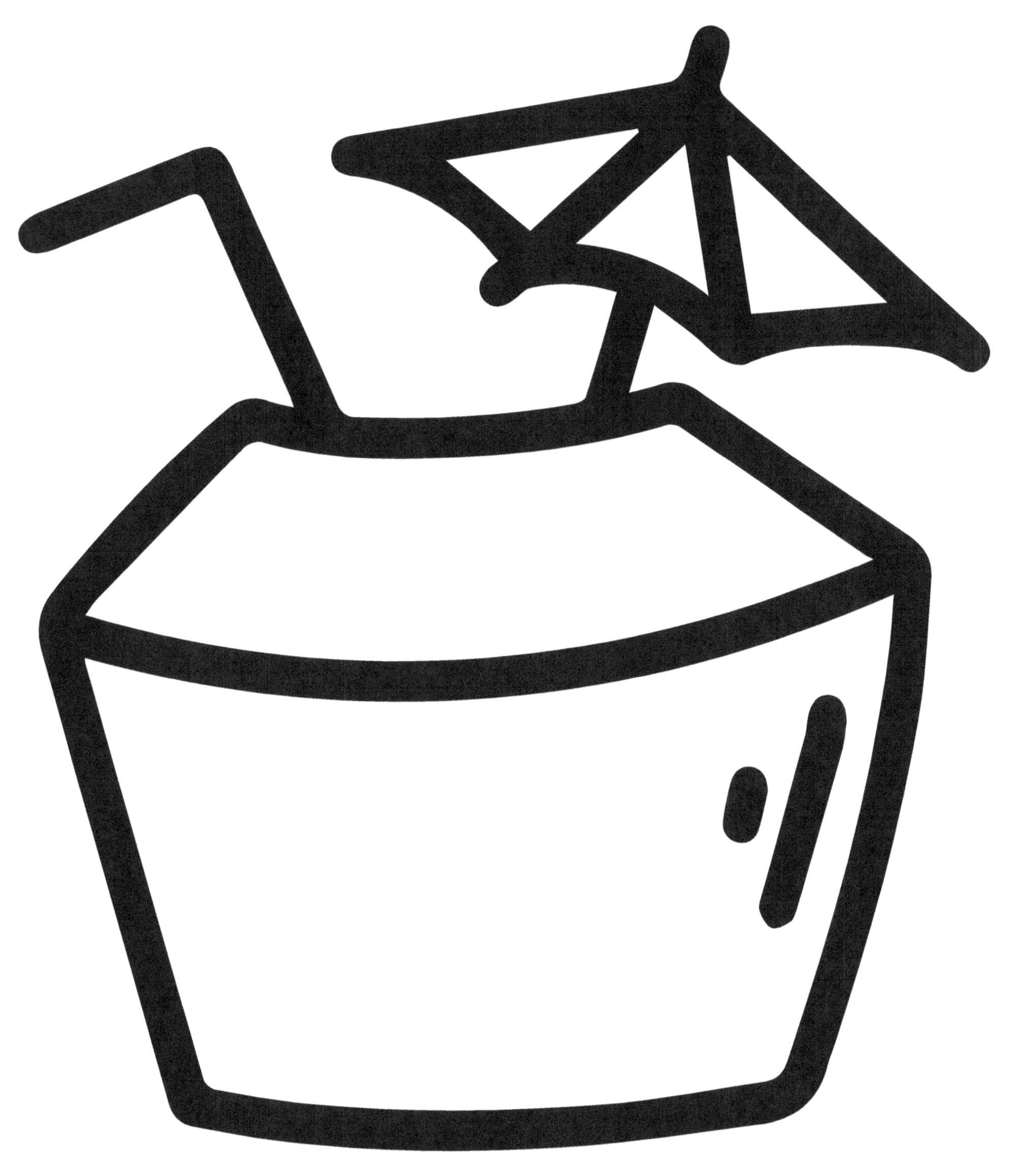

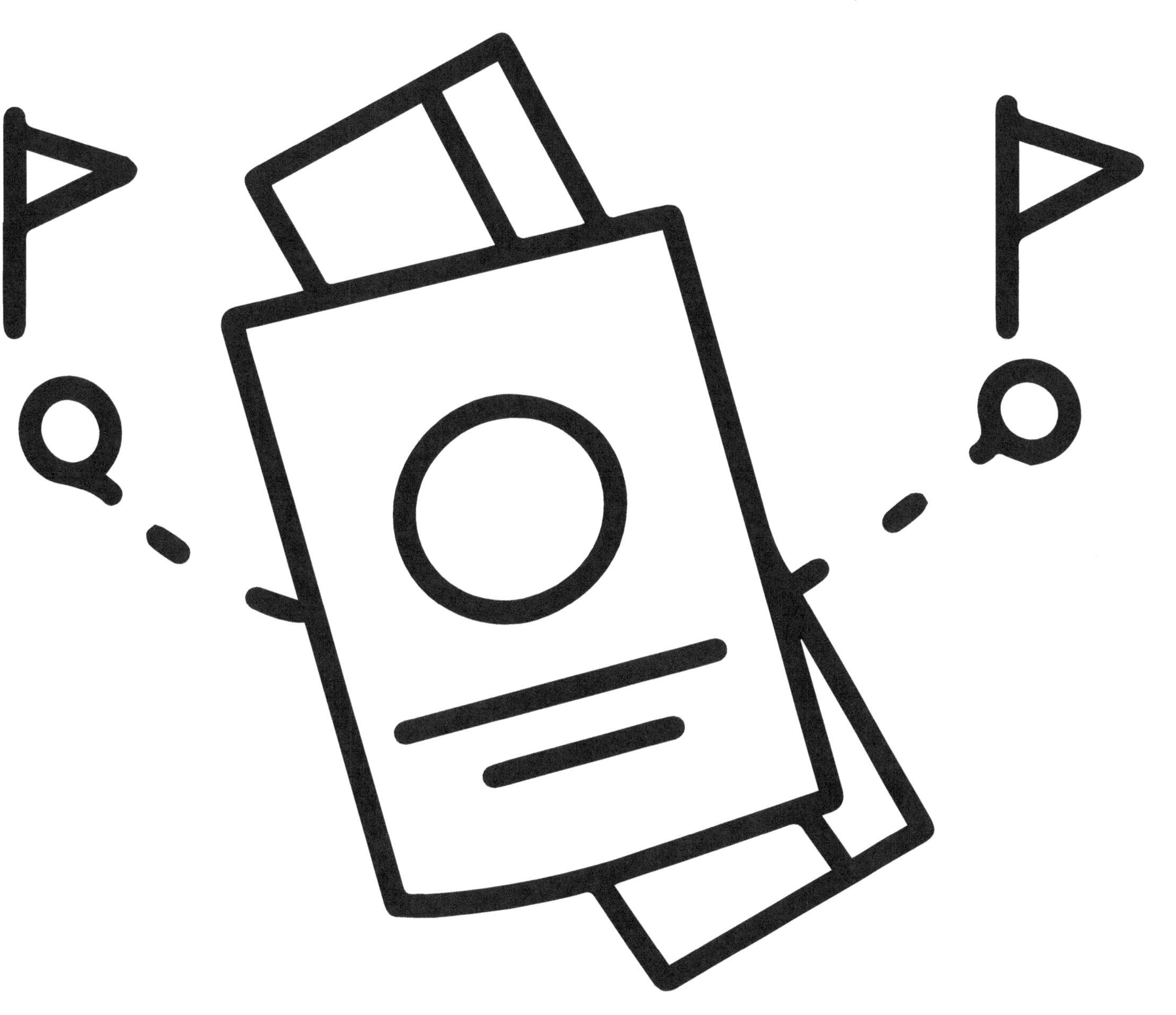

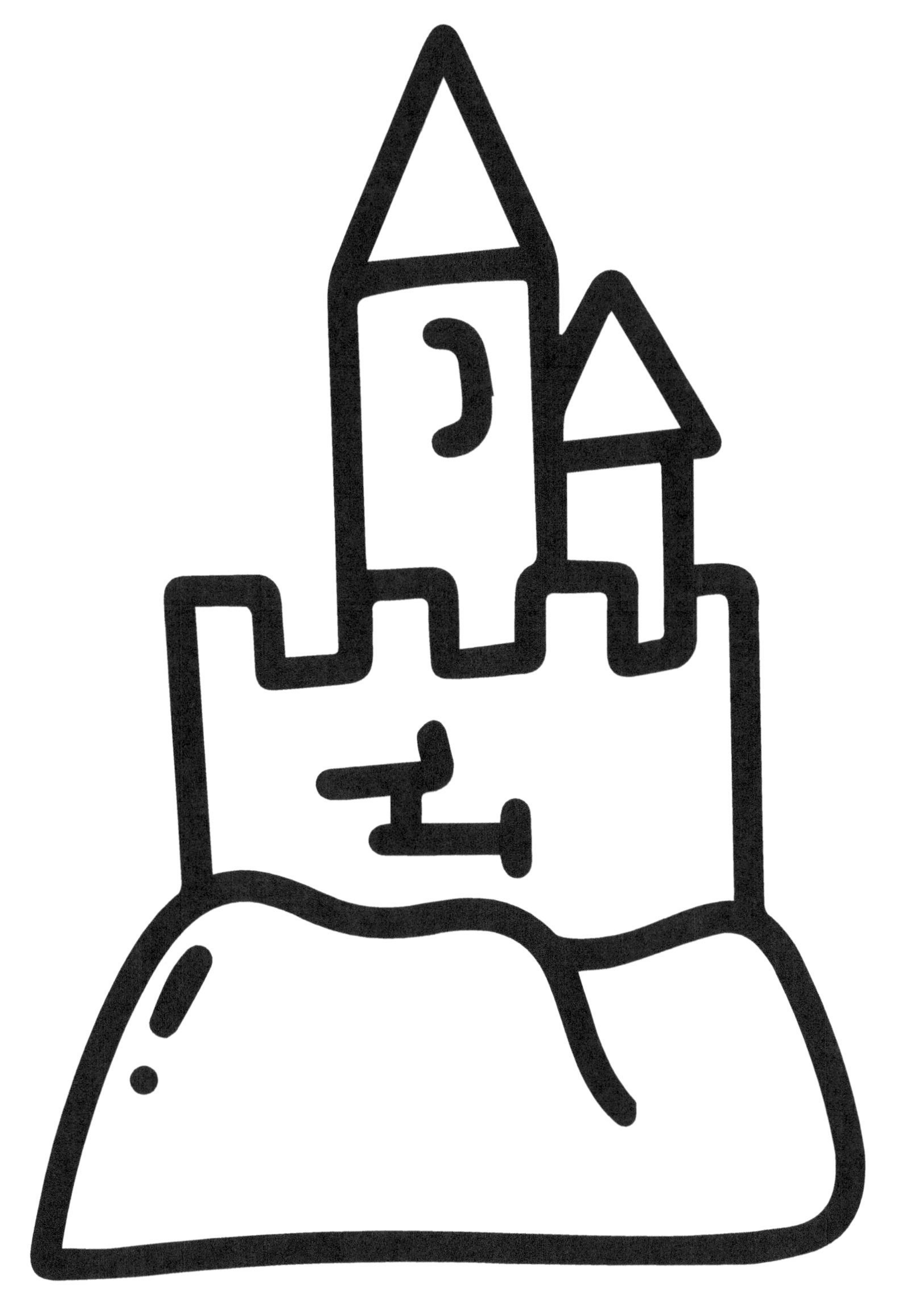

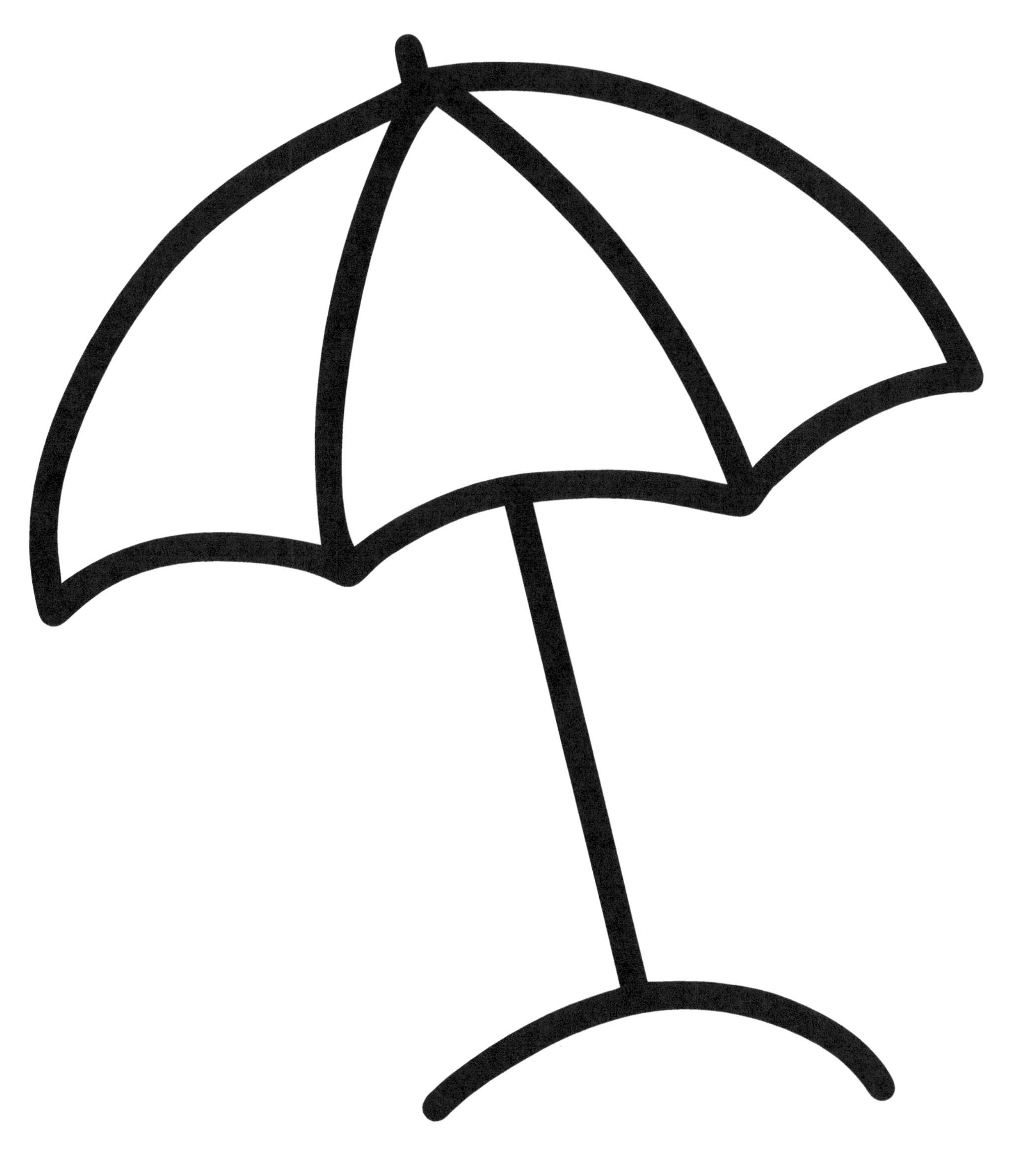

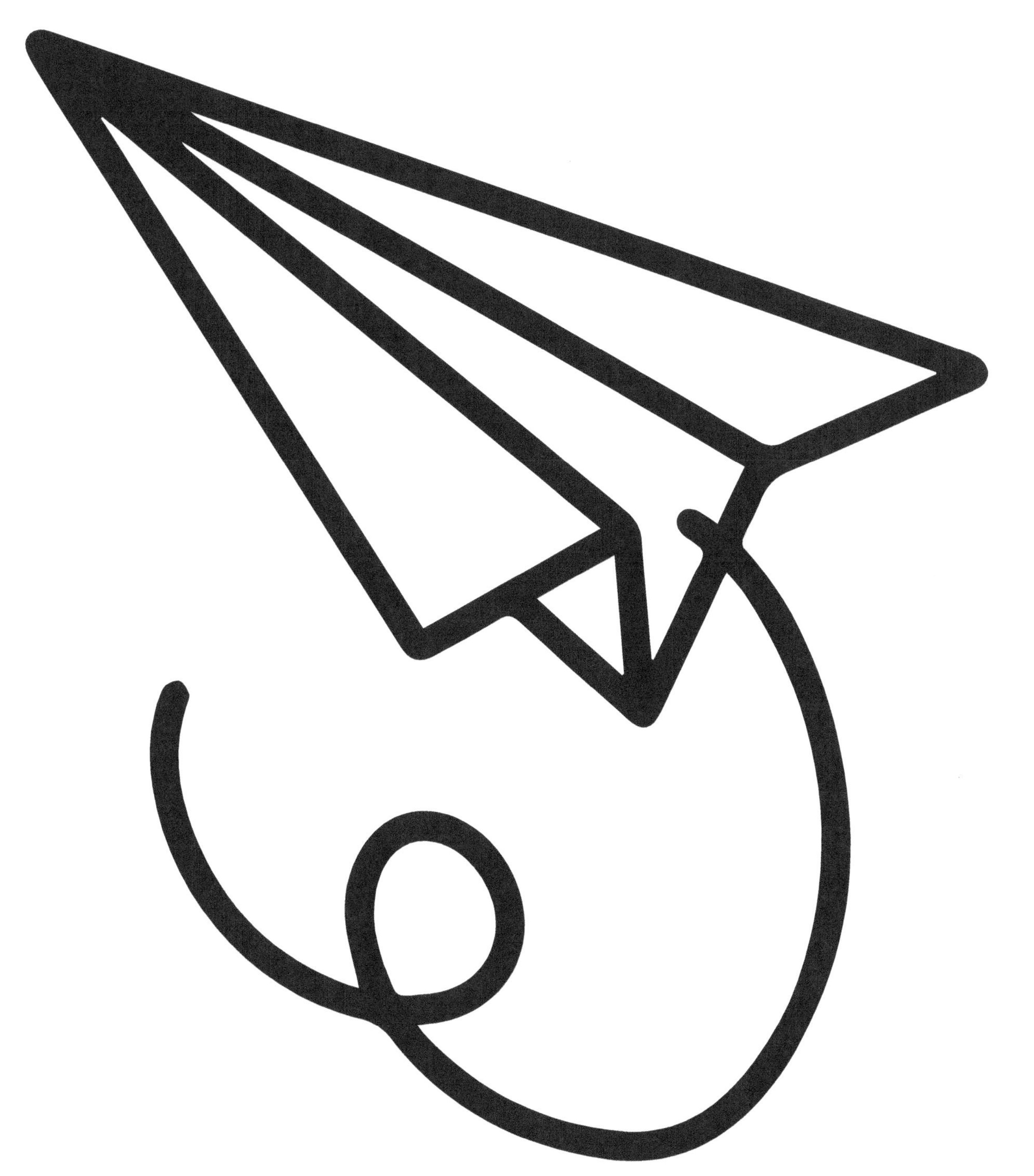

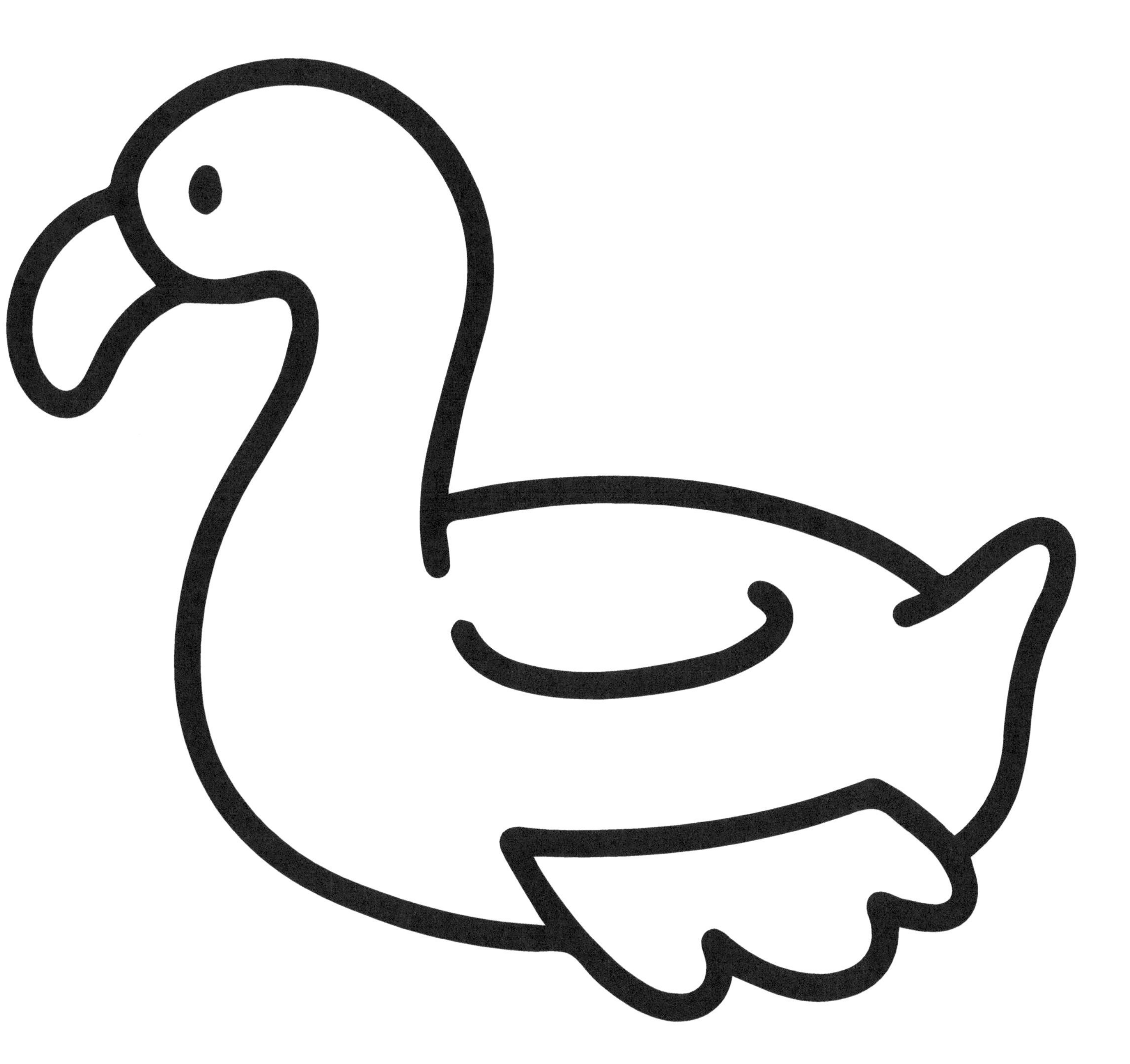

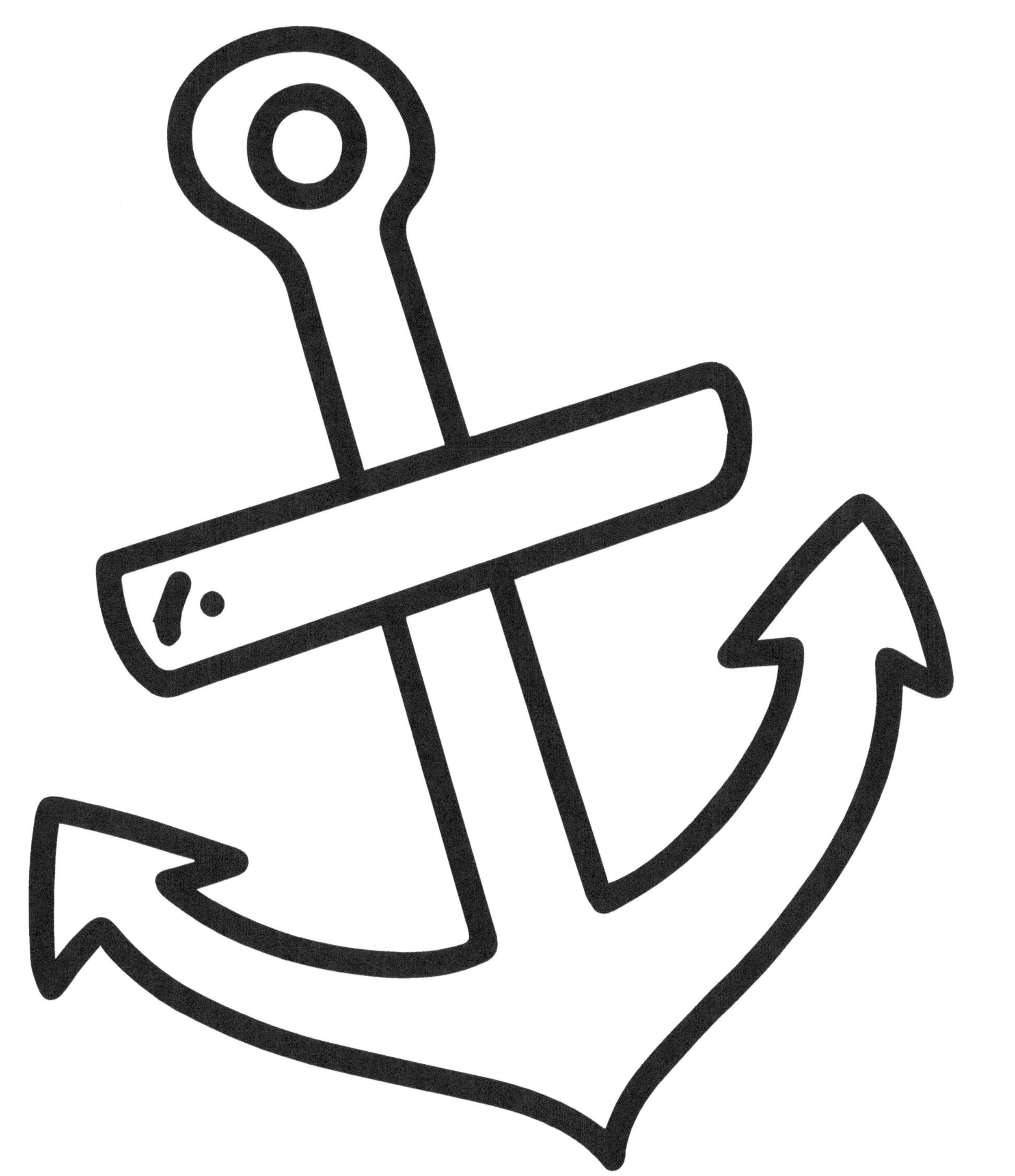

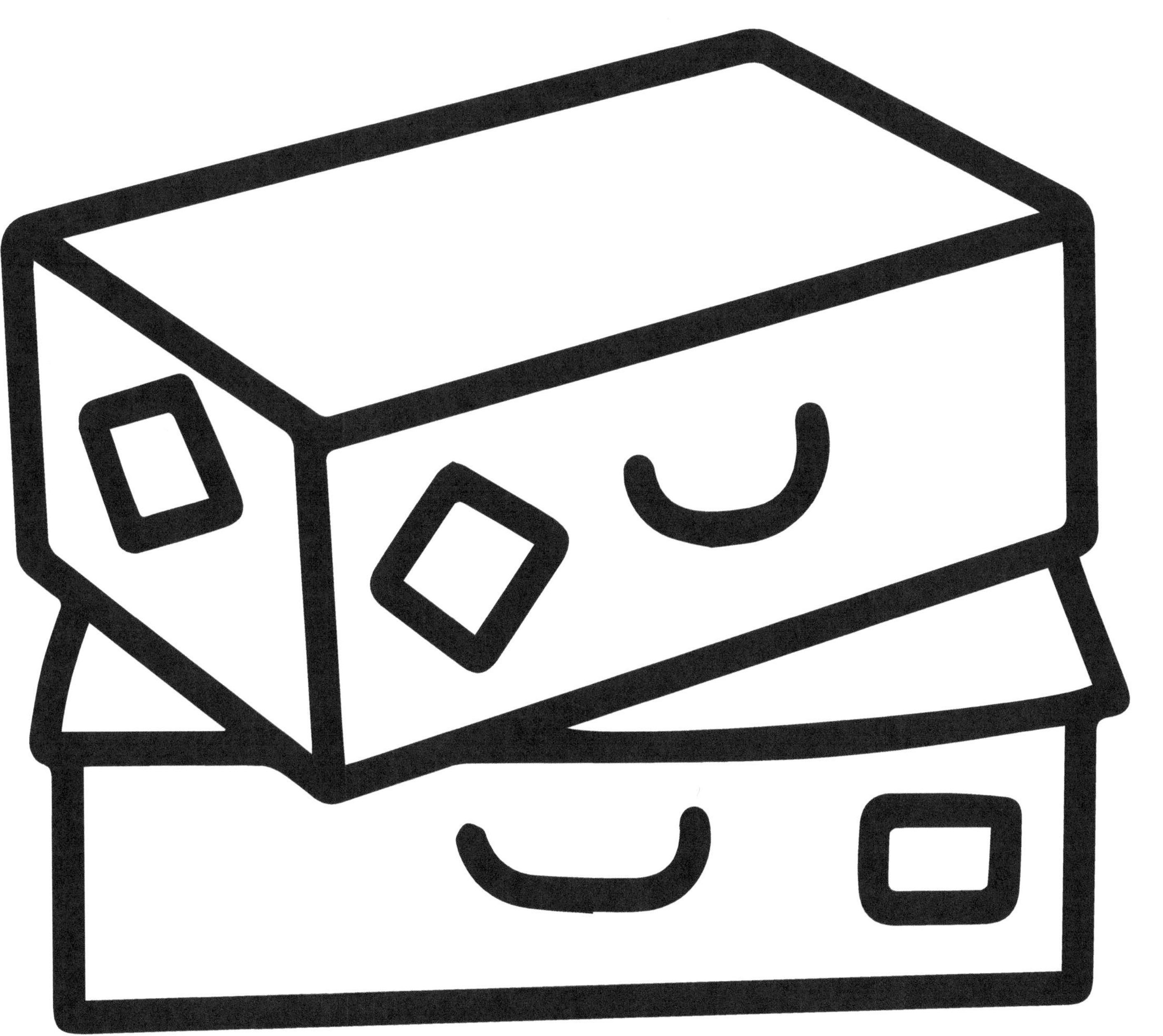

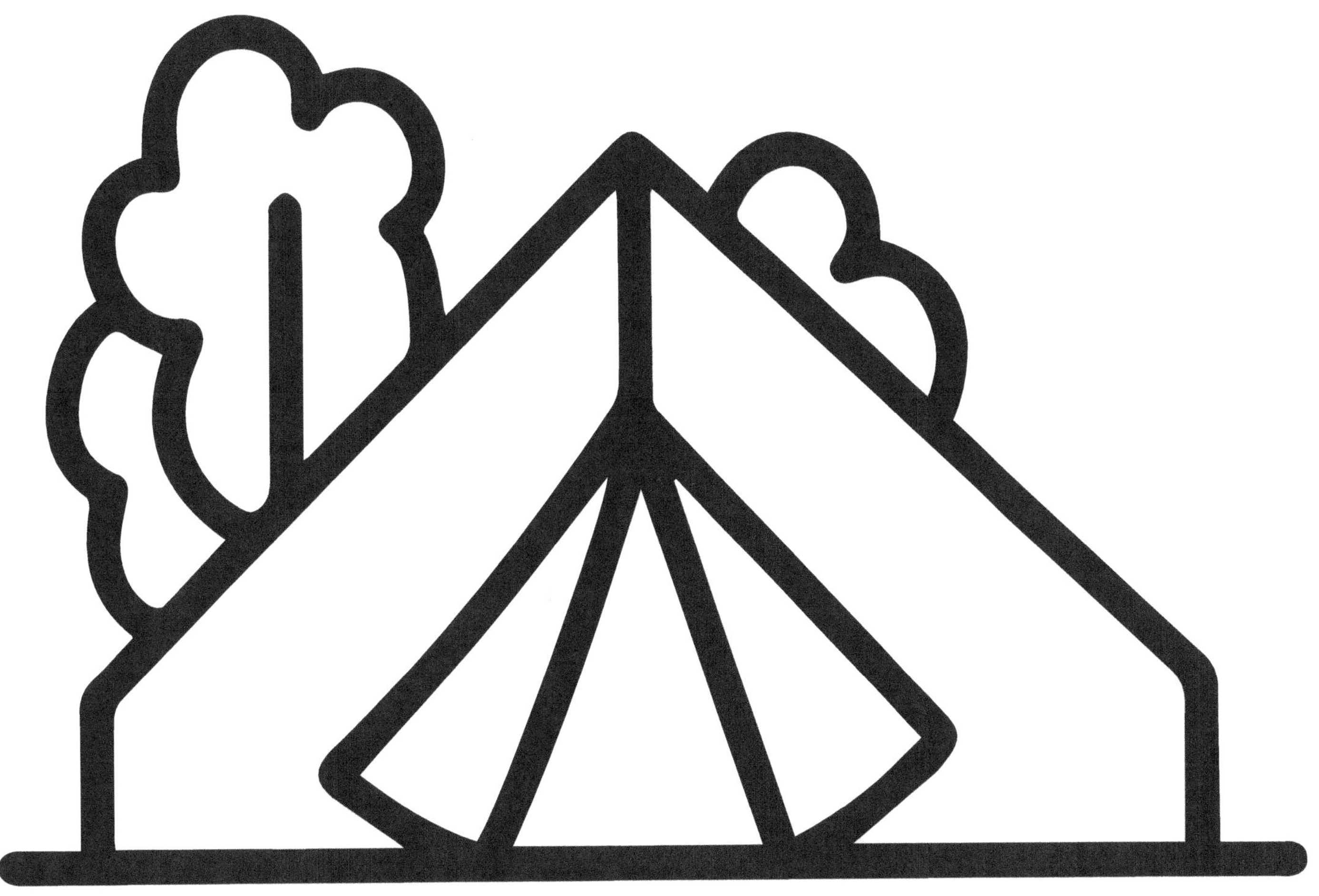

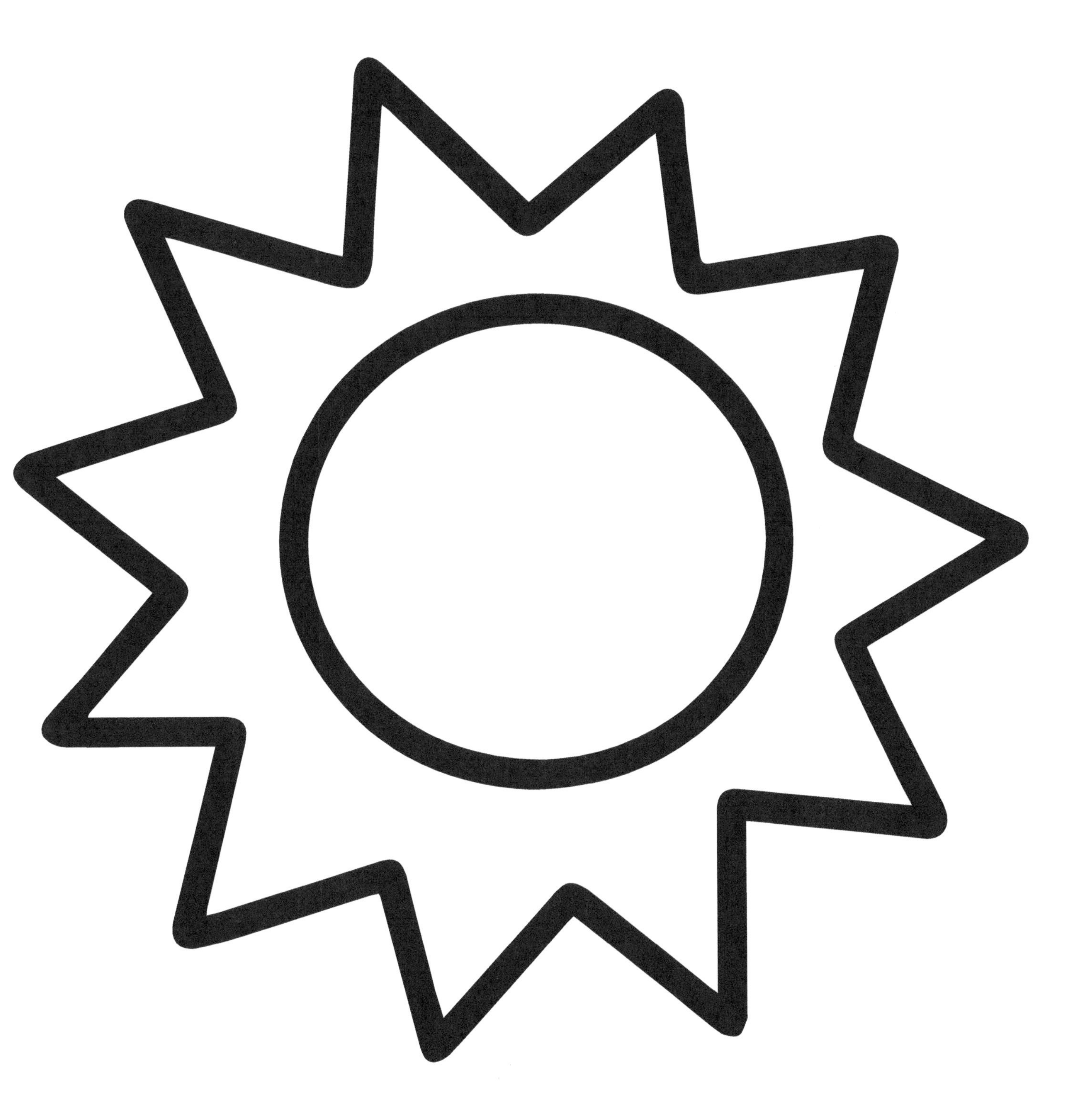

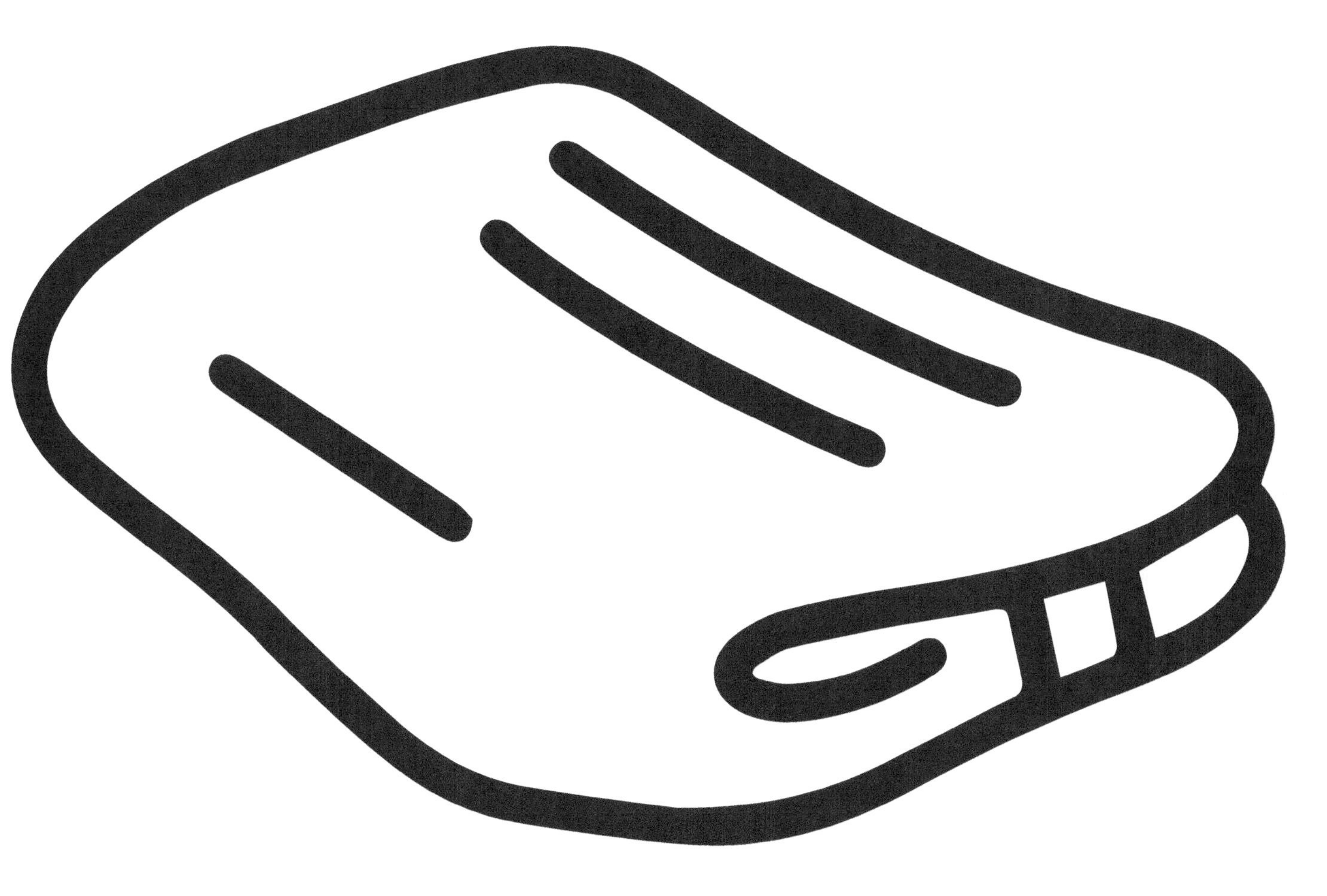

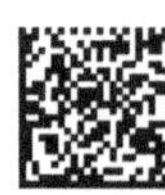